Das Buch
Immer wieder machen Manager die gleichen Fehler: Sie belohnen gute Arbeit mit Gehaltserhöhungen, geben klare Anweisungen und verbessern die Effizienz der Abteilung. Die Folgen dieses unprofessionellen Verhaltens sind nicht ungefährlich: Mitarbeiter erwarten faire Behandlung und Entlohnung, fleißige Angestellte erzielen respektable Ergebnisse (die ihre Chefs unproduktiv aussehen lassen), und das Budget der Abteilung wird gekürzt, weil die Ausgaben zuvor auf das nötige Maß reduziert wurden.
Doch hier kommt guter Rat zur rechten Zeit: Nachdem Dilbert mit seinem »Dilbert Prinzip« bereits das Mysterium der täglichen Büroarbeitswelt entlarvt hat, nimmt sich sein kartoffelförmiger Hund »Dogbert« nun den hohen Weihen des Marketing an. Top secret, versteht sich. Der neuartige Managementguru und Top-Consultant auf vier Beinen steht mit Tips und guten Ratschlägen zur Seite, wenn es um die steilen Karrierestufen geht, und klärt auf, welche Fähigkeiten Sie für Ihren Siegeszug als moderne Führungskraft unbedingt mitbringen sollten.

»Es ist ein Segen, daß ein wachsamer, wirtschaftskritischer Kopf dieses Pandämonium von Bosheit und Niedertracht beschreibt.«

Der Spiegel

Der Autor
Scott Adams arbeitete selbst 17 Jahre lang in einem typischen Großraumbüro der US-Telefongesellschaft Pacific Bell. Nach dem Erfolg seiner ersten Dilbert-Cartoons, in denen er seine Erfahrungen im Büroalltag verarbeitete, kündigte er und veröffentlicht heute in weit über 1000 Zeitungen und Zeitschriften.
Das Manager Magazin nannte ihn den »Wilhelm Busch des Industriezeitalters«. Im Wilhelm Heyne Verlag erschienen bereits die Dilbert-Bücher »Dilbert – Große Gedanken eines kleinen Geistes« (01/9878), »Besser leben durch Bürodiebstähle« (01/10327), »Muskelkraft durch Mausgebrauch« (01/10927), »Rat für die Ratlosen« (01/10928), »Genie allein kann dich nicht retten – Band 1« (01/10929), »Genie allein kann dich nicht retten – Band 2« (01/10930), und »Das Dilbert Prinzip« (01/10826).

SCOTT ADAMS

DOGBERTS TOP SECRET MANAGEMENT HANDBUCH

Aus dem Amerikanischen
von Uta Steffens-McKechneay

WILHELM HEYNE VERLAG
MÜNCHEN

HEYNE ALLGEMEINE REIHE
Nr. 01/13015

Die Originalausgabe
DOGBERT'S TOP SECRET MANAGEMENT HANDBOOK
erschien 1996 bei United Feature Syndicate, Inc.

Umwelthinweis:
Das Buch wurde auf chlor- und säurefreiem
Papier gedruckt.

2. Auflage
Taschenbucherstausgabe 11/99
Copyright © 1999 United Feature Syndicate, Inc.
All rights reserved.
Based on the English language book »Dogbert's Top Secret Management Handbook«
(© 1996 United Feature Syndicate, Inc.) web site www.dilbert.com
Copyright für die deutschsprachigen Rechte
© 1998 verlag moderne industrie, Landsberg/Lech
Wilhelm Heyne Verlag Gmbh & Co. KG, München
Lizensiert durch Copyright Promotions GmbH, Ismaning
Printed in Germany 2000
Umschlaggestaltung: Nele Schütz Design, München,
unter Verwendung des Originalumschlags von Nancy Singer
Satz: DTP/Köhler
Druck und Bindung: RMO, München

ISBN: 3-453-16083-5

http://www.heyne.de

Inhaltsangabe

Background

Einführung 9
Wozu Sie dieses Handbuch brauchen 9

1. Sich wie ein Manager benehmen

1.1 Die beiden Management-Alternativen 11
1.2 Managersprache 12
1.3 Der Zombieblick des Managers 14
1.4 Wie ein Manager aussehen muß 15
1.5 Charakter und Persönlichkeit
    des Managers 15
1.6 Endloses Gelaber 16
1.7 Grundbegriffe der Technologie
    für Manager 18
1.8 Ihr Terminkalender 22
1.9 Zu spät zu Konferenzen erscheinen 24
1.10 Strategietage der Unternehmensleitung 25
1.11 Privilegien des Management 26
1.12 Entscheidungen treffen 29
1.13 Vertrauen 33
1.14 Führungsqualitäten 34
1.15 Wer hat das Zeug zum Manager? 37

2. Mitarbeiter motivieren

2.1 Zufriedene Mitarbeiter 39
2.2 Bedürfnishierarchie 41

2.3	Projektteam »Motivation«	44
2.4	Aktion »Nichtssagendes Lob«	45
2.5	Interesse heucheln	46
2.6	Wertlose Geschenke	49
2.7	Erzwungene Verbrüderung mit unangenehmen Leuten	51
2.8	Interessante Arbeit	51
2.9	Herausforderungen	53
2.10	Verdiensturkunden	54
2.11	Leere Karriereversprechen	55
2.12	Die Möglichkeit, mit einem Vorstand zusammenzutreffen	56
2.13	Geldprämien für Selbstverständlichkeiten	58
2.14	Anreize, Bazillen ins Büro zu bringen	59
2.15	Zielsetzungen	61
2.16	Leistungsbewertung	65
2.17	Steigerung der Produktivität	68
2.18	Teamworktraining	74
2.19	Hindernisse aus dem Weg räumen	75
2.20	Betriebliches Abschlagswesen	82
2.21	Prioritäten setzen	86
2.22	Mikromanagement	86
2.23	Dringlichkeit propagieren	91
2.24	Freizeitlook	94
2.25	Konkurrenz	95
2.26	Gerüchte in die Welt setzen	97

3. Kommunizieren

3.1	Mündliche Anweisungen	101
3.2	Rundschreiben	102
3.3	Abteilungsversammlungen	105
3.4	Präsentationen	107

3.5 Außersinnliche Wahrnehmung 108
3.6 Ihre Mitarbeiter haben es gut 109

4. Erfolgsstrategien

4.1 Sich mit fremden Federn schmücken 111
4.2 Pfuschen Sie sich nach oben 112
4.3 Weiterbildung 113
4.4 Empowerment 115
4.5 Vorurteile abbauen 117
4.6 Berater einsetzen 119
4.7 Umstrukturierungen 121
4.8 So tun als ob 124
4.9 Fusionieren 127

5. Vergütung

5.1 Vergütungsprogramme 129
5.2 Gratifikationsgrenzen festlegen 131
5.3 Warum Sie so ein hohes Gehalt beziehen 131

6. Mitarbeiter loswerden

6.1 Downsizing (Gesundschrumpfen) 133
6.2 Die Leute zum Kündigen bewegen 135
6.3 Zahl der Mitarbeiter 138

7. Wie man als Manager glücklich wird

7.1 Geld allein macht nicht glücklich 141
7.2 Anti-Jammer-Strategien 144
7.3 Die Moralfalle 146
7.4 Umgang mit schlechten Mitarbeitern 149

7.5	Sekretärinnen	150
7.6	Die gesamte Arbeit delegieren	159
7.7	Gespräch unter vier Augen	160
7.8	Strategien entwerfen	161
7.9	Die Personalabteilung	163
7.10	Speichellecker entdecken	171

8. Zusammenfassung

8.1	Gesunder Menschenverstand	173

Anhang A:
    Liste der Hilfsquellen für das Management 175
Anhang B:
    Geschichte des Management 177

Background

Einführung

Mit diesem Buch lernen Sie alles über Dogberts Management-Strategie. Alle modernen Manager richten sich in erster Linie nach diesem Buch. Wenn Sie es gelesen haben, wissen Sie ebensoviel über das Management wie diese Manager. Vor allem aber:

Führungsqualitäten sind nicht angeboren. Man eignet sie sich an, indem man Dogbert-Bücher liest.

> **Warnung**
> Legen Sie das Buch sofort beiseite, wenn Sie kein Manager sind. Es ist besser für Sie, wenn Sie bestimmte Dinge nicht wissen.

Wozu Sie dieses Handbuch brauchen

Sie lesen dieses Handbuch, weil Sie Manager sind, oder aber Sie sind ein neugieriger kleiner Wichser, der sich nicht an meinen Rat gehalten hat, das Buch sofort wieder wegzulegen. Wir wollen jedoch davon ausgehen, daß Sie tatsächlich Manager sind. Um sich von den ausgebeuteten Massen deutlich abzuheben, müssen Sie sich bestimmte Gepflogenheiten und Verhaltensweisen angewöhnen. Jeder Fachmann wird Ihnen verraten, daß Sie die kompetentesten Informationen von einem kleinen weißen Hund mit Brille bekommen. Und das bin ich.

Sie sollten auf mich hören, denn ich habe ein viel größeres Gehirn als Sie. Das möchte ich Ihnen verdeutlichen. Wir wollen einmal annehmen, daß mein Gehirn dem Erdteil Afrika entspricht. Ihr Gehirn dagegen entspricht etwas Winzigkleinem, zum Beispiel Ihrem Gehirn. Verstehen Sie, was ich damit sagen will? Wenn nicht, ist dieses Handbuch genau das richtige für Sie – verlassen Sie sich auf mich.

Sie können sich als Manager das Hirn zermartern, herumexperimentieren und sich ständig weiterbilden. Sie können aber auch einfach das tun, was alle anderen machen – nämlich wie ein hirnloser Zombie meine Anweisungen befolgen. Blinder Gehorsam ist entschieden leichter als sämtliche Alternativen und ändert nichts an der Bezahlung. In Anbetracht der »Arbeitsstunden« ist das Gehalt sogar höher. Also lesen Sie schön weiter.

1. Sich wie ein Manager benehmen

1.1 Die beiden Management-Alternativen

In einer Idealwelt wäre es Ihre Aufgabe als Manager, Ziele zu setzen und Mittel zur Zielerreichung bereitzustellen. Aber Sie leben nun einmal nicht in einer idealen Welt, was größtenteils daran liegt, daß die Welt von Menschen wie Ihnen bevölkert wird.

Da Ihnen die Autorität fehlt, Ziele vorzugeben, und Sie auch nicht dazu taugen, Ziele zu realisieren, bleiben Ihnen als logische Schlußfolgerung nur zwei Möglichkeiten:

Alternativen	Folge
1. Gar nichts tun.	Rausschmiß infolge dieses Nichtstuns.
2. Vernunftwidrige und unproduktive Dinge tun.	Als zupackender Manager honoriert werden, der viel bewegt.

Was alles noch viel schlimmer macht, ist die Tatsache, daß Sie vierzig Stunden in der Woche damit verbringen sollen, Dinge zu tun, die man von einem Manager erwartet, wobei es keine Rolle spielt, wieviel Management tatsächlich nötig ist. Daraus folgt, daß Sie meistens sinnlose Dinge tun, um die Zeit irgendwie herumzubringen – es sei denn, etwas liegt tatsächlich sehr im argen.

Zum Glück gibt es viele Möglichkeiten, den Manager herauszukehren und den Anschein zu erwecken, als seien Sie ein kompetenter und vielbeschäftigter Spitzenmanager.

Zeitvertreib für Manager

- Abteilungen umbenennen
- Zwischenberichte anfordern
- Seminare zum Thema Teamwork einberufen
- Umzüge innerhalb des Hauses
- Führungsleitsätze schreiben
- Willkürliche Umstrukturierungen
- Schaubilder und Tabellen anfertigen
- Mikromanagement

1.2 Managersprache

Es ist nicht ratsam, die Idioten, die Ihre Mitarbeiter sind, als Idioten zu bezeichnen. Das macht sie nur noch gefährlicher, als sie ohnehin schon sind. Es kann zwar sehr amüsant sein, sie aufzuregen, trotzdem würde ich Ihnen das keinesfalls empfehlen. Sie müssen sich als Manager daran gewöhnen, diplomatischer zu sein.

Sprechen Sie lieber von *Ressourcen*, das hören die Leute gern. Es ist zwar das gleiche wie *Idioten*, doch Ihre Leute können sich damit leichter identifizieren. Außerdem sollten Sie anstelle der doch ziemlich entwürdigenden Bezeichnungen *Niete* bzw. *Nichtsnutz* lieber von *Teammitgliedern* und *Mitarbeitern* sprechen. Sie sagen genau das gleiche aus, kommen aber entschieden besser an, und Sie müssen auch nicht um Ihr Leben fürchten. Ich werde Ihre Untergebenen in diesem Buch *Mitarbeiter* nennen, weil diese Bezeichnung all die vorgenannten Ausdrücke, auch die mit dem etwas negativen Beigeschmack, einschließt.

Es ist wichtig, daß die Mitarbeiter Sie für clever halten. Wenn man jedoch bedenkt, daß Sie dieses Buch lesen, werden Sie die Cleverness wohl vortäuschen müssen. Achten Sie genau auf die zombiehafte Ausdrucksweise anderer Manager, und bemühen Sie sich, es ihnen gleichzutun. Kommt Ihnen ein neues Management-Schlagwort zu Ohren, stürzen Sie sich darauf wie ein vom Hungertod bedrohtes Eichhörnchen auf die letzte Nuß auf Erden.

1.3 Der Zombieblick des Managers

Verbinden Sie die neuerworbenen sprachlichen Finessen des Managers mit dem *starren Blick des Management-Zombies*. Ihr Gesichtsausdruck darf nicht die geringste Spur von Begreifen oder Mitgefühl verraten, Ihre Miene sollte lediglich besagen:

Logik ist zwecklos!

Neulinge unter den Managern machen oft den Fehler, von den Mitarbeitern zu erwarten, daß sie sich für die Firma einsetzen. Sie hoffen auf wichtige Erkenntnisse und positive Mitarbeit. Dieser Optimismus ist hier genauso unbegründet wie beim Goldschürfen in ihrer Duschkabine.

Tip: Wenn Ihre Mitarbeiter auch nur winzigkleine Nuggets Intelligenz vorzuweisen hätten, würden sie nicht für Sie arbeiten.

1.4 Wie ein Manager aussehen muß

Kleider machen Leute. Mit der Kleidung steht und fällt auch die Führungskraft. Mag sein, daß Ihre Mitarbeiter Sie niemals als Menschen respektieren, aber es ist durchaus möglich, daß ihnen Ihre Art, sich zu kleiden, imponiert. Unsere Geschichte zeigt, daß sich große Führungspersönlichkeiten schon immer dieser Tatsache bewußt waren.

Da wäre zum Beispiel der Papst. Nähme man ihm seine prächtige Tiara weg, wäre er längst nicht mehr so eine Respektsperson. Fragen Sie sich doch einmal, ob Sie sich von einem Burschen mit einer Baseballmütze in Ihre Geburtenplanung reinreden lassen würden. Ich kann es mir nicht vorstellen. Dieses Beispiel lehrt Sie, daß Sie mit Ihrer Kleidung Eindruck schinden müssen, denn man wird Sie bis zum Ende Ihrer Karriere ausschließlich wegen Ihres Outfits respektieren (wenn überhaupt).

1.5 Charakter und Persönlichkeit des Managers

Witzig oder attraktiv brauchen Sie als Manager nicht mehr zu sein, wenn Sie bei den Leuten Eindruck machen wollen. Allein durch Ihre Machtbefugnisse und das sich daraus ergebende Charisma sind Sie jeder Situation gewachsen. So können Sie sich gelassen auf dem gesellschaftlichen Parkett bewegen.

Selbst wenn Sie vom Äußeren her abstoßend sind, haben Sie durchaus eine Chance, eine Ihrer attraktiven Angestellten ins Bett zu locken, und zwar mit Hilfe einer subtilen Einschüchterungsstrategie. Streng juristisch gesehen ist das zwar ein Vergehen – aber seien wir doch mal ehrlich: Sie sind ja schließlich nicht nur Manager geworden, damit Ihnen der beste Parkplatz zugewiesen wird. Es ging Ihnen vielmehr darum, attraktive Frauen auf ordinärste Art anmachen zu können, ohne daß die Ärmsten etwas dagegen unternehmen können.

Die Witze, die Sie erzählen, werden immer gehaltvoller und besser, wie oft Sie sie auch zum besten geben. Ihre Mitarbeiter fühlen sich verpflichtet, immer wieder von Herzen darüber zu lachen. Und wenn Sie sexuelle Anzüglichkeiten einflechten, kommt das dem Vorspiel gleich.

Natürlich murren manche Leute und behaupten, Sie dürften Ihre Macht als Manager nicht so mißbrauchen, doch Sie sollten sich nicht einschüchtern lassen. Wer wird denn so zaghaft sein? Das ist doch kein Leben! Genießen Sie das Leben lieber in vollen Zügen. Und wenn Sie vor dem Kadi landen, behaupten Sie, man hätte Sie gründlich mißverstanden.

1.6 Endloses Gelaber

Bevor Sie eine solche Machtposition innehatten, hörten Sie mit Ihrem Gelabere auf, wenn Sie merkten, daß der Zuhörer schon halb verhungert war, komatös wirkte oder die Leichenstarre bereits einsetzte. Doch diese Rücksichtnahme wäre in Ihrer gehobenen Stellung als Manager verfehlt. Wenn Sie an einer Konferenz teilnehmen, für die eine Stunde angesetzt ist, tun Sie sich bloß keinen Zwang an! Reden Sie ruhig die ganze Zeit. Vergessen Sie nicht, daß die Tagesordnung lediglich eine Anregung ist, an die Sie sich nicht zu halten brauchen. Was die Tagesordnung besagt, ist nicht Vorschrift, und Vorschriften sind ohnehin nur dazu da, daß man sie umgeht. Also kann man Tagesordnungen einfach ignorieren.

Aus dem letzten Absatz wird wahrscheinlich kein Mensch schlau, aber Logik ist sowieso ein Luxus, den sich ein vielbeschäftigter Manager nicht leisten kann. Manchmal müssen Sie ohnehin erst andere zum Schweigen bringen, um ungehindert drauflosquasseln zu können.

Konferenzen beraumen Sie als Manager immer aus den gleichen Gründen an:

Gründe für Konferenzen

1. Sich seiner Arbeit entledigen, indem man sie den armen ohnmächtigen Schwachköpfen aufhalst, die sich dem Meeting nicht entziehen konnten.
2. Allen klarmachen, daß man den Durchblick hat und einem nichts verborgen bleibt, was in dem Unternehmen vorgeht.
3. Ungehindert schwafeln können.
4. Fragen nicht beantworten müssen.

Manchmal platzen Sie in Meetings hinein, die ein bestimmtes Thema oder Ziel haben. Solche Dinge sollen die Mitarbeiter doch in ihrer Freizeit machen! *Ihnen* brauchen sie deswegen noch lange nicht die Zeit zu stehlen. Ignorieren Sie die schlechten Umgangsformen dieser Leute – fahren Sie fort mit dem, was in Ihren Augen sinnvoll ist.

1.7 Grundbegriffe der Technologie für Manager

Die Technologie, mit der Ihr Unternehmen steht und fällt, brauchen Sie nicht zu begreifen. Sie brauchen nicht einmal zu wissen, wie es technisch möglich ist, daß sich Ihr bequemer, weich gepolsterter Chefsessel höher und tiefer stellen läßt. Sie sind schließlich Manager. Mit Kleinigkeiten brauchen Sie sich nicht herumzuschlagen. Sie können die »niederen Chargen« dafür bezahlen, daß sie Ihnen die öde Technik vom Hals halten. Ein paar grundlegende Dinge sollten Sie jedoch über Technik wissen, um peinliche Situationen zu vermeiden.

1. Wenn Sie ein Fax schicken, quält sich das Blatt Papier nicht durch die Telefonleitung. Und Sie können auch keine Reisekosten einsparen, indem Sie sich an einen weit entfernten Ort faxen.
2. Wenn Ihr PC angeschlossen ist, heißt das noch lange nicht, daß Sie sich im Internet befinden, obwohl alle behaupten, das sei kinderleicht. Sie brauchen dazu Software.
3. Sie brauchen Ihren Schreibtisch nicht erst wegzuschieben und auch keine Turnschuhe anzuziehen, wenn es heißt: »läuft unter Windows«.
4. Wenn Ihnen jemand Intranet empfiehlt, brauchen Sie nicht zu erschrecken: Es handelt sich nicht um eine Spritze.

Vielleicht sollten Sie einmal pro Woche eine Fachzeitschrift – wie den *Spiegel* oder *Die Bunte* – überfliegen und Ihre Belegschaft fragen: »Warum machen wir das nicht so?« Passen Sie auf, wie sich die Leute daraufhin winden und versuchen, Ihnen klarzumachen, daß das ausgeschlossen oder aber unbezahlbar ist. Diese Mitarbeiter sind eine faule betrügerische Bande. Scheren Sie sich nicht um ihr sogenanntes Fachwissen, und bestehen Sie darauf, daß getan wird, was *Sie* wollen.

Helfen Sie Ihrem technischen Verständnis ganz willkürlich auf die Sprünge. Die Technologie, die bei den laufenden Projekten zur Anwendung kommt, braucht Sie nicht zu interessieren. Damit demonstrieren Sie, wie großartig Sie der Technologie intellektuell gewachsen sind. Wenn Ihre Abteilung zum Beispiel eine neue Kundendatenbank erstellt, sollten Sie dafür plädieren, daß auch Duftnoten und Musik eingegeben werden, falls es Ihnen später einmal einfallen sollte, darauf zurückzukommen.

Sollten Sie zu bequem sein, technologische Fachlektüre auf gute Ideen abzuklopfen, können Sie ja zwei gute technische Konzepte miteinander verbinden und Ihre Belegschaft auffordern, Ihre Idee in die Tat umzusetzen. So könnten Sie zum Beispiel sagen: »Digitalisieren wir doch sämtliche Steckdosen.« Oder: »Wir sollten Multimedia-Faxgeräte anschaffen.«

DIESER LAPTOP-COMPUTER WIEGT ZUVIEL. HABEN WIR NICHTS LEICHTERES?
WARUM LÖSCHEN SIE NICHT EIN PAAR DATEIEN, DAS REDUZIERT DAS GEWICHT.
AUSGEZEICHNETE IDEE
GENAU HINHÖREN! ICH SAGTE NUR: WARUM NICHT?
S. Adams
E-Mail: SCOTTADAMS@AOL.COM
© 1995 United Feature Syndicate, Inc.
1-30

SIE HABEN MEINE E-MAIL NICHT BEANTWORTET.
MEINE SEKRETÄRIN IST NICHT DA, UND ICH WEISS NICHT, WER MIR DIE E-MAIL AUSDRUCKEN SOLL. BRINGEN SIE MIR IHRE NACHRICHT AUF PAPIER.
MIR IST DER PAPYRUS AUSGEGANGEN, DESHALB HABE ICH MEINE NACHRICHT IN EINE KLEINE PYRAMIDE EINGERITZT.
HAT ER DAS ALLEIN GEMACHT, ODER HABEN IHM UFOS DABEI GEHOLFEN?
S. Adams
E-mail: SCOTTADAMS@AOL.COM
© 1995 United Feature Syndicate, Inc. (NYC)
5/20

ICH FINDE, WIR SOLLTEN EINE SQL-DATENBANK ANLEGEN.
HM, NA JA ...
WEISS ER ÜBERHAUPT, WAS ER DA REDET, ODER HAT ER EINE ANZEIGE IN IRGENDEINEM WIRTSCHAFTSMAGAZIN GESEHEN?
WELCHE FARBE SOLL DIE DATENBANK DENN HABEN?
MAGENTA HAT AM MEISTEN POWER.
S. Adams
E-mail: SCOTTADAMS@AOL.COM
© 1995 United Feature Syndicate, Inc. (NYC)
11/17

HALLO, WALLY! DER CHEF HAT SEINE ERSTE E-MAIL RAUSGE-SCHICKT!
UND DA BEHAUPTEN SIE, ER WÄRE ZU DUMM, UM ZU BEGREIFEN, WIE DAS GEHT!
WAS STEHT DENN DRIN?
ICH HABE MEINE UHR VERGESSEN. KANN MIR JEMAND DIE ZEIT SAGEN?
HÖCHSTE ZEIT, DEN JOB ZU WECHSELN.
S. Adams E-mail: SCOTTADAMS@AOL.COM
2/3/96 © 1996 United Feature Syndicate, Inc.(NYC)

FÜGEN SIE DER GENEHMI-GUNG EINE ZUSAMMEN-FASSUNG FÜR DIE LEITENDEN ANGESTELLTEN BEI.
ABER GANZ EINFACH ABGEFASST. UNSERE SPITZENKRÄFTE KENNEN SICH MIT DER TECHNOLOGIE NICHT SO GUT AUS WIE ICH.
SCHLECHTER ALS SIE KANN MAN SICH GAR NICHT AUSKENNEN. SIE WISSEN JA NICHT EINMAL, WIE SIE MIT IHREM AUTO EINE STEIGUNG ÜBERWINDEN SOLLEN.
IRRTUM, DABEI HILFT MIR DER ADAC.
S. Adams E-mail: SCOTTADAMS@AOL.COM
3/4/96 © 1996 United Feature Syndicate, Inc.(NYC)

DAS IST DIE LÖSUNG. DIE KABEL WAREN NICHT ZUSAMMENGESTECKT.
OH, DIE DATEN SIND RAUSGEFALLEN UND LIEGEN JETZT IRGENDWO HIER IM RAUM.
SIE BE-FLÜGELN MICH.
IN EINER WOCHE MACHE ICH IHM WEIS, DASS DIE DATEN IN DEN TEPPICH GESICKERT SIND.
S. Adams E-mail: SCOTTADAMS@AOL.COM
5/2/96 © 1996 United Feature Syndicate, Inc.(NYC)

1.8 Ihr Terminkalender

Bis Sie Manager wurden, haben Sie Ihren Terminkalender selbst geführt. Jetzt macht das Ihre Sekretärin, der sehr daran gelegen ist, daß Ihre Meetings weit weg von der Firma stattfinden.

Nehmen wir einmal an, Sie müßten unbedingt noch Leute einstellen, um den Kundenservice zu verbessern. Das ist von größter Wichtigkeit. Ihre Sekretärin regelt das, indem sie eine Informationsreise in die Axlon Nebula Galaxie für Sie bucht. Das hat mit Ihren Prioritäten vielleicht nicht allzuviel zu tun, aber die Alternative wäre, die Termine eigenhändig festzulegen. Doch dazu sind Manager nicht da. Die Firmenleitung tut, was die jeweilige Sekretärin in den Terminkalender schreibt.

Als Beispiel möchte ich Napoleon Bonaparte anführen. Ursprünglich war er Oberbuchhalter in Paris, doch seine Sekretärin legte seine Termine fest. Sie ekelte sich regelrecht vor ihm, denn als kleiner Mann hatte er Komplexe, für die es damals noch keine Fachbezeichnung gab. Daher schrieb ihm seine Sekretärin Dinge in den Terminkalender wie z. B. »Im Winter in Rußland einmarschieren« und »14 Uhr Waterloo«.

Lamentieren Sie nicht, wenn es sich Ihre Sekretärin einfallen läßt, Sie aus dem Haus zu schicken. Die Alternative wäre nämlich sehr viel schlimmer. Haben Sie in letzter Zeit den Tyrannen herausgekehrt, rächt sich die Sekretärin mit der »Idioteninvasion«. Das bedeutet, daß Ihr Terminkalender regelrecht gespickt sein wird mit Terminen mit unterbelichteten, besonders langsam sprechenden Mitarbeitern, die vor der Tür Ihres Büros eine endlose Schlange bilden.

Angesichts eines solchen Terminkalenders können Sie natürlich nicht allzuviel erledigen, aber zum Glück hat Ihr Managergehalt mit der Arbeits*quantität* nichts zu tun. Bezahlt werden Sie für den Anschein von Arbeit und ihre nicht meßbaren *Qualitäten*, die Sie für diese Stellung prädestinieren – wie z. B. »Motivation« und »Führungsqualitäten«. Sie können jedoch andere Leute dafür bezahlen, daß sie Ihnen das abnehmen – wie in diesem Beispiel:

Noch eine gute Neuigkeit: Es ist äußerst schwierig, nicht meßbare Führungsqualitäten festzustellen. Es gibt also keine Möglichkeit, Sie darauf festzunageln. Das ist Ihr Freibrief zum Nichtstun. Kein Mensch wird je wissen, ob Sie Führungsqualitäten an den Tag legen und massenweise Leute motivieren oder einfach nur herumflanieren und den Leuten auf den Geist gehen. Für einen ungeschulten Beobachter läuft das auf das gleiche hinaus. Sie können also tun, was Ihnen leichter fällt. Es wirkt sich nicht auf Ihr Gehalt aus.

1.9 Zu spät zu Konferenzen erscheinen

Niemand erwartet von Ihnen, daß Sie als Manager pünktlich zu Meetings mit Ihren Untergebenen erscheinen. Die beschäftigen sich schon und unterhalten sich über ihr klägliches Gehalt.

Um wieviel man sich am besten verspätet, läßt sich leicht errechnen. Multiplizieren Sie die Zahl der Teilnehmer an dem Meeting mit drei, und stoßen Sie dazu, wann immer Ihnen danach zumute ist. (Das richtige Timing ist mehr eine Kunst als eine Wissenschaft.)

Führen Sie Ihre hilflos wartenden Untergebenen an der Nase herum, indem Sie mit einer Akte unter dem Arm eilig an der Tür zum Konferenzraum vorbeipreschen und zum Beispiel sagen: »Ich muß nur noch rasch ein Telefongespräch führen.« Verschwinden Sie dann für den Rest des Nachmittags. Die Leute sind auch noch am nächsten Morgen da. Warum sollten Sie sich für Leute ein Bein ausreißen, die nicht wissen, was Empowerment ist? Sie müssen lernen, eigenverantwortlich zu handeln und eigene Entscheidungen zu treffen.

1.10 Strategietage der Unternehmensleitung

Das ist ein Vorgang, bei dem sich alle Entscheidungsträger Ihres Unternehmens an einen wunderschönen Ort zurückziehen und sich diese beiden Fragen stellen:

1. Wie bringen wir die Mitarbeiter bloß dazu, für weniger Geld mehr zu arbeiten?
2. Warum läßt die Arbeitsmoral so zu wünschen übrig?

Die Probleme werden in Angriff genommen, indem man sich mit Kriterien wie der »Aufgabe«, der »Vision« und den »Führungsprinzipien« des Unternehmens befaßt. Es mag scheinen, als hätte das mit den beiden Fragen nicht unmittelbar zu tun, trotzdem verfehlen diese Aktivitäten ihre Wirkung nicht, weil sie viel Zeit in Anspruch nehmen. Je länger die Geschäftsleitung nämlich außer Haus ist, desto mehr steigt die Produktivität, und desto besser wird die Arbeitsmoral der in dem Unternehmen zurückgebliebenen Mitarbeiter.

1.11 Privilegien des Management

Als Manager haben Sie automatisch ganz bestimmte Rechte. Alles dürfen Sie manipulieren: Zeit, Materie und Raum. Sie können den Zusammenhang zwischen Ursache und Wirkung aufheben und die Zeit so schnell verfliegen lassen, wie Sie mögen. Sie glauben es vielleicht nicht, aber oft ist das ganz praktisch.

Ihre besonderen Machtbefugnisse können sich zum Beispiel als nützlich erweisen, wenn Ihnen Ihre faulen Mitarbeiter sagen, ein wichtiges Projekt würde mindestens sechs Monate in Anspruch nehmen. Und nehmen wir einmal an, Sie hätten Ihrem Chef gerade mitgeteilt, das Projekt nehme lediglich zwei Wochen in Anspruch. DIE LÖSUNG: Sie brauchen die Frist nur auf diese zwei Wochen zu begrenzen. Diese scheinbar simple Fristverkürzung zieht eine Kette von Ereignissen nach sich, die Raum und Zeit erschüttern. Mit Lichtgeschwindigkeit erfolgt ein energiefreier Schuldtransfer von Ihnen auf Ihre Mitarbeiter.

Als Manager sind Sie auch in der Lage, das Gesetz der Schwerkraft außer Kraft zu setzen. Sir Isaac Newton hat bewiesen, daß feste Gegenstände wie zum Beispiel Manager schwerer sind. Ihr Büro wird irgendwann zu einem schwarzen Loch, in dem alles, was die Mitarbeiter liefern, auf Nimmerwiedersehen verschwindet. Wie oft Ihnen Ihre Mitarbeiter auch Disketten, Unterlagen oder was auch immer übergeben mögen, Sie können stets behaupten, Sie hätten es nie bekommen. Und das Beste daran ist, daß Sie keine Schuld trifft. Das ist eben das Gesetz der Schwerkraft.

Vielleicht fragen Sie sich, wie es kommt, daß Manager über solche Kräfte verfügen. Wie eignen sie sich diese an? Sie wissen doch bestimmt, daß Blinde oft die Fähigkeit entwickeln, besonders gut zu hören. So läßt sich dieses Phänomen erklären, doch in unserem Fall handelt es sich eher um einen Blinden, der sich das Hinken angewöhnt hat.

1.12 Entscheidungen treffen

Noch nie ist etwas Gutes herausgekommen bei Entscheidungen des Managements. Vermeiden Sie es, Entscheidungen zu treffen, wann immer sich das machen läßt. Sie handeln sich nur Ärger ein. Hier sind ein paar gute Strategien, sich vor Entscheidungen zu drücken und trotzdem zu handeln, wie man es von einem Manager erwartet.

Möglichkeiten, Entscheidungen aus dem Weg zu gehen

- Verwirrt erscheinen.
- Eine Projektgruppe aus Leuten zusammenstellen, die zu beschäftigt sind, um sich zu treffen.

- Mitarbeiter ausschwärmen und noch mehr Daten zusammentragen lassen.
- Unterlagen verschlampen, die Ihnen zur Unterschrift vorgelegt werden.
- Behaupten, noch einen weiteren Manager hinzuziehen zu wollen, um »die Sache zu beschleunigen«.

Die beliebteste Methode, Entscheidungen aus dem Weg zu gehen, besteht darin, jedes Schriftstück mit »Randbemerkungen« zu schmücken. Legt Ihnen ein Mitarbeiter ein Schriftstück vor, das Ihnen eine Entscheidung abverlangt, erscheint diese Methode angebracht. Kritzeln Sie möglichst unleserlich kleine Fragen an den Rand, und lassen Sie Ihre Sekretärin das Schriftstück weitergeben. Wie wäre es mit ein paar Beispielen für Randbemerkungen?

Randbemerkungen

- Wah heien Hie?
- Hahen Bie gas jnindricb gusbegrgofef?

Auf dieses unverständliche Geschreibsel reagiert der Mitarbeiter wütend und perplex. Aufklärung wird ihm nicht zuteil, da Sie nie zu erreichen sind, und so begibt er sich auf eine absurde Odyssee. Die Antwort auf die Fragen läßt ihm keine Ruhe. So etwas kann monatelang dauern. Bekommt der Mitarbeiter Sie aber doch einmal zu fassen, können Sie ihn mit der folgenden Randbemerkung vertrösten: »Dot bei 8gche ogtiion vollonbebln???« Die drei Fragezeichen lassen keinen Zweifel daran, daß Sie allmählich wütend werden. Eine unübersehbare Warnung, Sie nicht noch einmal mit einer nicht deutlich formulierten Bitte bzw. Frage zu behelligen.

WIE ENTSCHEIDUNGEN GETROFFEN WERDEN
1-2-3
STEIN! SCHERE!
IHR PROJEKT IST GENEHMIGT ... ES SEI DENN, SCHERE SCHNEIDET STEIN NICHT.
NEHMEN WIR AN, ES IST PAPIERSTEIN.
S. Adams E-Mail: SCOTTADAMS@AOL.COM
© 1994 United Feature Syndicate, Inc.
9-3

DIESE SCHAUTAFEL ZEIGT DEN ENTSCHEIDUNGSPROZESS, AUF DEM MEIN PROJEKT BERUHT.
HIER VERSCHWENDEN WIR GELD. DANN SAGT JEMAND: „MACHEN WIR DOCH EIN KOMPLIZIERTES SCHAUBILD." UND DANN WURDE DIESES MEETING ANGESETZT, IN DEM WIR ÜBER DIESES SCHAUBILD DISKUTIEREN.
ICH HABE EINE FRAGE.
GROSSARTIG. AUS IST ES MIT DEM PLAN.
S. Adams E-Mail: SCOTTADAMS@AOL.COM
© 1994 United Feature Syndicate, Inc.
9-9

HIER IST IHRE ENTSCHEIDUNG ALS MANAGER GEFRAGT.
SIE WISSEN SCHON: LASSEN SIE ES DREI WOCHEN AUF IHREM SCHREIBTISCH LIEGEN UND SCHMUGGELN SIE ES DANN, MIT UNLESERLICHEN RANDBEMERKUNGEN VERSEHEN, WIEDER IN MEINE ZELLE.
ACH JA, ICH HABE KEINE KOPIEN GEMACHT, UM IHNEN DIE ARBEIT ZU ERLEICHTERN. SO KÖNNEN SIE DAS ORIGINAL AUCH VERSCHWINDEN LASSEN UND BEHAUPTEN, SIE HÄTTEN ES MIR ZURÜCKGEGEBEN.
HMM
S. Adams E-Mail: SCOTTADAMS@AOL.COM
© 1994 United Feature Syndicate, Inc.
9-17

WIR KÖNNTEN DAS PRODUKT MIT EINER EINFACH ZU BEDIENENDEN, MAUSSTEUERBAREN OBERFLÄCHE HERAUSBRINGEN.
S. Adams
E-Mail: SCOTTADAMS@AOL.COM
... ODER DEN ANWENDER ZWINGEN, UNTER TAUSENDEN VON SCHLECHT DEFINIERTEN KOMMANDOS ZU WÄHLEN, WOBEI JEDES GLEICH BEIM ERSTENMAL RICHTIG EINGEGEBEN WERDEN MUSS.
9-30 © 1994 United Feature Syndicate Inc.
BEDENKEN SIE, DASS WIR NIEMALS EINEN KUNDEN ZU GESICHT BEKOMMEN.
MACHEN SIE ES SO, DASS DIE KUNDEN BEIM KLEINSTEN FEHLER NEU BOOTEN MÜSSEN.

WER MUSS DENN ALLES UNTERSCHREIBEN, DAMIT EIN WEB-SERVER ANGESCHAFFT WERDEN KANN?
S. Adams E-mail: SCOTTADAMS@AOL.COM
HM, DAS IST ABTEILUNGSÜBERGREIFEND, FÜRCHTE ICH. SIE MÜSSEN DAS VON JEDEM TEAMLEITER, JEDEM ABTEILUNGSLEITER, JEDEM VORSTAND UND AUCH VON GREIF GENEHMIGEN LASSEN.
5/15 © 1998 United Feature Syndicate, Inc. (NYC)
MEINEN SIE TED GREIF VON DER FINANZPLANUNG ODER DAS FABELWESEN VOGEL GREIF, DAS HALB ADLER UND HALB LÖWE IST?
WER IMMER SCHWERER ZU ERREICHEN IST.

... UNSER HAUPTLIEFERANT KANN ABER NICHT LIEFERN, DESHALB ...
WAS HEUTE ABEND WOHL IM FERNSEHEN LÄUFT?
S. Adams E-mail: SCOTTADAMS@AOL.COM
SOLLEN WIR EINE KLAGE RISKIEREN, ODER SOLLEN WIR EIN PRODUKT ZURECHTSCHUSTERN, DAS KEIN MENSCH WILL ODER BRAUCHT?
ER ERWARTET DOCH WOHL NICHT VON MIR, DASS ICH DAS ENTSCHEIDE?
1/27/96 © 1996 United Feature Syndicate, Inc. (NYC)
OB ER JETZT WOHL ETWAS VORSCHLÄGT, WAS NICHT MACHBAR IST, ODER OB ER GENAUERES DARÜBER WISSEN WILL?
MACHEN WIR DOCH BEIDES!

1.13 Vertrauen

Eine Führungskraft sollte imstande sein, Vertrauen einzuflößen, das ist ein wichtiger Aspekt. Das könnte jedoch problematisch werden, falls Sie ein ausgesprochen skrupelloser, heimtückischer Mistkerl sind, der seine Machtposition dazu mißbraucht, sich persönlich zu bereichern. Zum Glück gibt es jedoch selbst für solche Führungskräfte eine Lösung – das Lügen. Außerhalb der Arbeitswelt ist Lügen gar nicht ratsam, denn wenn Sie erwischt werden, geht es Ihnen dreckig. Sobald Sie es jedoch mit Mitarbeitern zu tun haben, müssen diese ihre Rachgelüste bezähmen, wenn Sie hart bleiben und sich nicht in die Karten schauen lassen. Sollten Ihnen Ihre Untergebenen nicht mehr trauen, erreichen Sie Ihr Ziel noch immer, wenn Sie sie einschüchtern oder ihnen Angst einjagen. Es kann Ihnen also eigentlich gar nichts passieren.

1.14 Führungsqualitäten

Führungsqualitäten lassen sich am besten durch einen Vergleich mit Hundeschlitten in Alaska definieren. Mehrere Hunde sind nötig, um einen Menschen im Schlitten zu ziehen. Wenn die Hunde jedoch in weiser Voraussicht dem Menschen damit drohen, ihn zu beißen, kann dieser eine Mensch viele Hunde ziehen, die es sich auf dem Schlitten bequem gemacht haben. Das sind Führungsqualitäten – wenn man sich die Hunde, den Schlitten und die hartgefrorene Tundra wegdenkt.

(Anmerkung: Ich habe keine Ahnung, was eine Tundra ist, aber eine tiefgefrorene würden Sie bestimmt nicht wollen.) Führungsqualitäten machen noch keinen guten Manager aus einem Mann. »Managen« bedeutet, daß man versucht, die Ressourcen so zu verteilen, wie es der Firma am besten zum Vorteil gereicht. »Führen« bedeutet dagegen, daß man die Ressourcen zum eigenen Nutzen einsetzt. Daraus folgt, daß man als Führungskraft weit besser fährt und sich auch leichter tut.

Demonstrieren Sie Ihre Führungsqualitäten, indem Sie stets »mit gutem Beispiel vorangehen«. Nehmen wir einmal an, Sie wollten versuchen, die Kosten in Ihrem Unternehmen zu senken. Sie können ein Exempel statuieren, indem Sie Ihrem Chauffeur befehlen, sich die Haare nur noch jede zweite Woche schneiden zu lassen. So ein persönliches Opfer inspiriert die Mitarbeiter. Schon bald werden Sie ihnen die Lohnfortzahlung im Krankheitsfall verweigern können wie einem Verdurstenden das Wasser.

Sie können sich auch bereit erklären, sich mit einer anderen Führungskraft eine Sekretärin zu teilen, um die Kosten einzudämmen. Es kann natürlich sein, daß Sie dieser Sekretärin achtzig Stunden Arbeit pro Woche aufhalsen müssen, bis diese nach nichts mehr aussieht und völlig verbittert ist. Aber wenn Sie so ein persönliches Opfer bringen, macht das Schule, und bald ist es soweit, daß jeder Mitarbeiter für Sie durchs Gewehrfeuer gehen würde. Sollte das aber einmal nicht der Fall sein, zerren Sie einfach einen am Arm herbei, um sich in letzter Sekunde hinter ihm zu verschanzen. So wird er zum Kugelfang. Was die Kugeln angeht, so bleibt das Ergebnis gleich.

Verstehen Sie mich nicht falsch. Führungsqualitäten beinhalten nicht nur selbstsüchtiges Verhalten. Wichtig ist auch eine Ausdrucksweise, die rein nichts besagt und nur aus hohlen Phrasen besteht. Die folgenden lernen Sie am besten auswendig:

- Cleverer, nicht schwerer arbeiten.
- Das ist ein neues Paradigma.
- Das ist eine Chance und kein Problem.

Das ganze Geheimnis einer Führungskraft besteht darin, die Leute dazu zu bringen, Dinge zu tun, die sie nicht tun wollen. Dazu müssen Sie den Mitarbeitern einreden, daß sie sich großartig fühlen, wenn sie diese Dinge tun. Nicht etwa, daß sie dann genug zu essen und ein Dach über dem Kopf hätten – es sei vielmehr eine Bereicherung für Herz und Seele. Zum Glück ist ihr Selbstwertgefühl auf einem solchen Tiefpunkt angelangt, daß sie alles fressen, was man ihnen vorsetzt – wie Ziegen, die selbst vor Konservendosen nicht zurückschrecken.

Wenn Sie die Mitarbeiter dazu bringen wollen, mehr zu leisten, ohne ihnen eine Gehaltserhöhung in Aussicht zu stellen, können Sie ihnen mit den folgenden Sprüchen Streicheleinheiten verpassen:

- Sie sind ein wertvolles Mitglied unseres Teams!
- Was Sie können, schafft sonst niemand!
- Leuten wie Ihnen ist es zu verdanken, daß es sich auf Erden leben läßt!

Wenn Ihnen die Mitarbeiter weiter damit in den Ohren liegen, daß sie weniger verdienen als ein urugayischer Moskitozüchter, kann diese Unzufriedenheit nur auf einen schwerwiegenden Charakterfehler seitens des Mitarbeiters zurückzuführen sein. Das kommt leider häufig vor, braucht Sie aber nicht zu kümmern. Schließlich sind Sie eine vielbeschäftigte Führungskraft. Da können Sie sich nicht auch noch als Psychiater betätigen.

1.15 Wer hat das Zeug zum Manager?

Zu Ihren Aufgaben als Manager gehört auch, neue Manager auszumachen und zu fördern. Im Idealfall weist jeder neue Manager geringere Qualifikationen auf als Sie. Sonst versucht der Neue nämlich garantiert, Sie zu verdrängen, oder er sorgt dafür, daß Sie dumm aus der Wäsche gucken. Es liegt daher in Ihrem eigenen Interesse, dafür zu sorgen, daß sich die Zahl der Anwärter in Grenzen hält. Das haben die Leute, die Sie gefördert haben, ebenso gemacht. Am Ende führt diese Taktik dazu, daß nur noch einzellige Lebewesen befördert werden.

Der Mensch ist nach der Geburt ziellos, hilflos und mit sich selbst beschäftigt. Irgendwann ändert sich das jedoch bei den meisten Babys. Eigentlich bei allen, die sich nicht zum Manager berufen fühlen. Erwachsenen, die das Zeug zum Manager haben, merkt man das oft nicht gleich an. Sie als Manager sollten nach den folgenden untrüglichen Zeichen Ausschau halten, die die Kandidaten für das Management geeignet erscheinen lassen:

Was auf Management-Aspiranten hindeutet

1. Wenn Sie hinter ihnen hergehen, könnte es sein, daß Sie auf einer Schleimspur ausrutschen.
2. Sie ziehen sich ein Schleudertrauma zu, weil sie so heftig nicken, wenn Sie sprechen.
3. Sie ahmen Ihre Verhaltensweisen und Ihre äußere Erscheinung bzw. Ihr Auftreten bis ins letzte Detail nach, so daß Sie sie als Spiegel benutzen können, wenn Sie sich Essensreste aus den Zähnen pulen wollen.

2. Mitarbeiter motivieren

2.1 Zufriedene Mitarbeiter

Vielleicht sind Sie versucht, die Mitarbeiter zufriedenzustellen, damit die Produktivität nicht leidet. Das ist jedoch nicht leicht. Es kann nämlich sehr kostspielig sein, dafür zu sorgen, daß die Leute zufrieden sind, zuweilen sogar unhygienisch. Es gibt nur eine keimfreie und wirtschaftliche Möglichkeit, das Problem der Mitarbeiterzufriedenheit anzugehen. Vielleicht entdecken Sie diese unter den nachfolgenden Vorschlägen.

Möglichkeiten der Mitarbeitermotivation

1. Gehaltserhöhung
2. Arbeitsumfeld verbessern
3. Mitarbeiterbefragungen zum Thema Arbeitszufriedenheit, Ergebnisse ignorieren

Vorschlag Nr. 3 ist die richtige Antwort. Sie müssen sich jedoch gut überlegen, wie Sie die Befragung am besten gestalten. Wenn Sie es zulassen, daß die Mitarbeiter aufschreiben, was sie wirklich stört, erwarten sie womöglich, daß Sie als Chef etwas dagegen tun. Für Sie würde das also nur in Arbeit ausarten, und damit wäre Ihnen ja keinesfalls gedient. Eine gute Umfrage zur Arbeitszufriedenheit muß vor allem eins bewirken: Sie muß die Leute von ihren wirklichen Problemen ablenken, damit sie sich auf Dinge konzentrieren, an denen sie scheinbar selbst die Schuld tragen.

Die folgenden Punkte sollten unbedingt Bestandteil der Befragung sein:

Gute Elemente für die Mitarbeiterbefragung	
Skala von 1–5, wobei 1 »wahr« und 5 »sehr wahr« bedeutet	
Ich verstehe etwas von meiner Arbeit, und wenn ich einen Fehler mache, dann nur, weil ich entweder dumm oder faul gewesen bin.	1 2 3 4 5
Mein Manager kommuniziert oft mit mir, aber ich passe nicht auf.	1 2 3 4 5
Das Unternehmen hat eine eindeutige Vision und Strategie, mir kommt es aber nicht so vor, weil ich geistig verwirrt bin.	1 2 3 4 5
Meine Kollegen sind eine Meute hinterhältiger Nullen. Das Management kann da nichts tun.	1 2 3 4 5
Eine Gehaltskürzung würde ich begrüüen, sollte sich die Gelegenheit dazu ergeben.	1 2 3 4 5

Die folgenden Aspekte lassen Sie dagegen besser weg.

Schlechte Elemente für die Mitarbeiterbefragung	
Skala von 1–5, wobei 1 »wahr« und 5 »sehr wahr« bedeutet.	
Mein Chef ist ein ignoranter Tyrann.	1 2 3 4 5
Durch die Arbeit in dieser winzigen Zelle ist mein Selbstwertgefühl geschrumpft wie eine Rosine auf einem ägyptischen Bürgersteig.	1 2 3 4 5

Meine Arbeit ist sinnlos, weil das Management immer alles verpatzt.	1	2	3	4	5
Ich bin von Idioten umgeben.	1	2	3	4	5
Verglichen mit anderen Leuten aus der Branche werde ich so schlecht bezahlt, daß ich ständig davon träume, bei anderen Unternehmen zu arbeiten.	1	2	3	4	5

2.2 Bedürfnishierarchie

Das Ziel der »Mitarbeitermotivation« ist einfach formuliert: Die Mitarbeiter sollen an ihrem Arbeitsplatz so glücklich sein, daß sie ihre eigenen Interessen aus den Augen verlieren.

Wenn Ihre Mitarbeiter auf so selbstsüchtige kurzfristige Ziele wie Essen, ein Dach über dem Kopf und persönliches Glück fixiert sind, sind die entsprechenden Führungsqualitäten unbedingt gefragt. Sie müssen die Mitarbeiter nämlich dazu bringen, vorzugsweise langfristige Ziele – wie die Karriere ihres Vorgesetzten – anzuvisieren.

Bevor Sie sich jedoch Hoffnungen machen, die Mitarbeiter zu motivieren, sollten Sie sich mit ihrer Bedürfnispyramide befassen.

```
          /\
         /  \
        / Mehr \
       /  Geld  \
      /----------\
     / Vergebliche Hoffnung \
    /   auf eine Beförderung  \
   /----------------------------\
  /         Anerkennung           \
 /----------------------------------\
/        Empowerment-Thrill          \
```

Bedürfnispyramide der Mitarbeiter

Pyramidenebenen (von oben nach unten):
- Mehr Geld
- Vergebliche Hoffnung auf eine Beförderung
- Anerkennung
- Empowerment-Thrill
- Künstlich erzeugte Herausforderung infolge schlechter Planung und unzulänglicher Ressourcen
- Kaffee, Donuts, Softdrinks mit Koffein

Bedürfnispyramide der Mitarbeiter

Erst wenn die Bedürfnisse auf den unteren Ebenen der Pyramide befriedigt worden sind, gelüstet es die Mitarbeiter nach den Dingen an der Spitze. Sorgen Sie also dafür, daß etwas von dem Zeug auf den untersten Ebenen zur Verfügung steht, doch wiederum nicht so viel, daß sie ein Bedürfnis nach mehr Geld entwickeln.

Ein Großteil dessen, was wir über die Motivation von Mitarbeitern wissen, rührt von der Beobachtung zufriedener Arbeitskräfte her. Als Beispiel sollen uns diesmal die Ärzte dienen. Ärzte gehören zu den am stärksten motivierten Arbeitskräften auf der Welt. Für ein unglaubliches Geld arbeiten sie rund um die Uhr, um Menschen zu helfen und Kranke zu heilen. Sie sind offensichtlich von dem Wunsch besessen, Tag und Nacht zu arbeiten. Darin liegt ihre Motivation.

Was Sie inzwischen über Ärzte in Erfahrung gebracht haben, können Sie auch auf Ihre Mitarbeiter anwenden, um deren Motivation zu steigern. Wenn sie angesichts der miesen Bezahlung und der unbefriedigenden Aufgaben meckern, halsen Sie ihnen unbedingt mehr Arbeit auf. Sie werden sehen: Bald sind sie so glücklich und zufrieden wie die Ärzte. Und wenn nicht, so erreichen sie doch zumindest die gleiche Selbstmordrate wie die Ärzte. So erledigt sich das Problem von selbst.

2.3 Projektteam »Motivation«

Wenn Sie die Verantwortung für die hier erlernten Motivationstechniken jemand anderem in die Schuhe schieben möchten (was eine gute Idee ist), sollten Sie dafür sorgen, daß ein Team gebildet wird, das Vorschläge zur Selbstmotivation erarbeiten muß.

Das Team wird seine Vorschläge auf die einzigen zwei Dinge stützen, auf die es sich einigen kann: Die Meetings ziehen sich furchtbar in die Länge, und es spielt eigentlich gar keine Rolle, was sie vorbringen.

Sie brauchen keine Angst zu haben, das Projektteam könnte mit für Sie inakzeptablen Vorschlägen kommen. Sie mögen ja verblödet sein, aber es ist kaum anzunehmen, daß Mitarbeiter so naiv sind, Dinge vorzuschlagen, die auch nur entfernt mit dem zu tun haben, was sie wirklich wollen. Das würde sich nämlich so anhören:

Ehrliche Mitarbeitervorschläge, die Sie nie hören werden:

1. Wenn wir unserem Manager mit einem dicken Stock eins überbraten dürften, wären wir entschieden motivierter.
2. Schieb mehr Kohle rüber, du knauseriger, aufgeblasener Haufen Scheiße!
3. Eins motiviert uns ganz bestimmt nicht: der Zwang, in einem Motivationsteam mitzuarbeiten.

Anstatt dessen erfolgt höchstwahrscheinlich der politisch akzeptable Vorschlag, eine Motivationskampagne mit vielen Elementen aus diesem Handbuch zu starten.

2.4 Aktion »Nichtssagendes Lob«

Fast am leichtesten ist die Aktion »Nichtssagendes Lob« umzusetzen. Die Sache basiert auf einer simplen Theorie: Wenn der Manager durch die »Büros« geht und die Mitarbeiter lobt, verursacht das bei ihnen einen Endorphinanstieg, der wiederum die Schmerzempfindlichkeit im Gehirn mindert. Danach leisten die Mitarbeiter doppelt soviel. Im Anschluß daran gehen sie nach Hause, wo sie wilden, ungezähmten Sex mit ihrem Ehepartner haben.

Nichtssagende Komplimente sind immer angebracht. So kann dem Manager zum Beispiel auffallen, daß ein monatlicher Statusbericht besonders gut geschrieben ist, und er sollte das zur Sprache bringen.

»Hören Sie mal, das ist ein verdammt guter Bericht. Er ist differenziert und hat alles, was man sich nur wünschen kann. Haben Sie schon mal einen Intelligenztest gemacht, um festzustellen, ob Sie ein Genie sind?«

Es ist zweitrangig, daß der mehrseitige Bericht dann irgendwann von einer Hilfskraft, die immer die Overheadfolien für Präsentationen entwirft, auf eine einzige knackige Formulierung runtergekürzt wird.

Es darf auch keine Rolle spielen, daß der Verfasser des Berichts einen ganzen Tag daran gesessen hat und seine sonstige Arbeit in der Zeit liegengeblieben ist. Für seine sinnlose und überflüssige Arbeit ist der Mitarbeiter ausdrücklich gelobt worden. Nur das zählt. So etwas ist Wasser auf die Mühlen der Produktivität.

2.5 Interesse heucheln

Wenn ein Manager Interesse heuchelt, entsteht sofort eine Vertrauensbasis zwischen ihm und seinen Mitarbeitern. Der Manager kann diese Vertrauensbasis irgendwann dazu mißbrauchen, die Leute zu einer höheren Leistung ohne Bezahlung zu animieren.

Sie können Interesse, ja Anteilnahme heucheln, indem Sie sich nach der Familie, dem Gesundheitszustand, also dem Privatleben des Mitarbeiters erkundigen. Sie sollten das jedoch nur tun, wenn Sie ganz sicher sind, daß Sie nicht plötzlich in die Enge getrieben werden und gezwungen sind, sich traurige Geschichten und andere Banalitäten anzuhören, die Sie nicht im geringsten interessieren.

Um nicht gleich zu übertreiben und das rechte Maß zu finden, rufen Sie den Mitarbeitern vom Auto aus zu: »NA, WIE GEHT'S DAHEIM??!!«, während Sie schneidig über den Parkplatz fahren und die Mitarbeiter dem Bürotrakt zustreben. Mit dieser Drive-by-Methode erreichen Sie das beste Heuchel-Zuhör-Verhältnis.

WAS WIR BRAUCHEN, IST EINE BESSERE VERSTÄNDIGUNG ZWISCHEN DEM MANAGEMENT UND ... JA, WAS IMMER SIE AUCH SIND.
DAHER GIBT ES VON JETZT AN BEI MIR EINMAL IM MONAT EINEN „TAG DER OFFENEN TÜR"
DA KÖNNEN SIE KOMMEN UND MIR DIE OHREN VOLLJAULEN.
ICH WERDE MIR DAS ALLES MIT BETROFFENER MIENE ANHÖREN - SO.
DANN ERKLÄRE ICH IHNEN, DASS ALLES SO BLEIBEN MUSS, WEIL ES OHNEHIN BESTENS IST.
DAS HEBT DIE ARBEITSMORAL, DER PROFIT WIRD SPRUNGHAFT STEIGEN, UND MEINE AKTIEN-OPTIONEN MACHEN MICH REICH.
8-29
DARF ICH MIR EINE BEMERKUNG ZU IHREM PLAN ERLAUBEN?
ACH, LASS DOCH.
SEHEN SIE MEINE BETROFFENHEIT?

JETZT HABE ICH DAS KARPALTUNNELSYNDROM.
SCHNARCH ...
7-14
DER GESUNDHEITSZUSTAND IHRER MITARBEITER INTERESSIERT SIE ÜBERHAUPT NICHT. SIE INTERESSIERT NUR GELD!!!!
GELD?
ICH HABE STÄNDIG HÖLLISCHE SCHMERZEN. ICH MUSS OPERIERT WERDEN!!!!
FALSCHER ALARM
SCHNARCH

2.6 Wertlose Geschenke

Nehmen wir einmal an, einer Ihrer Mitarbeiter hätte sechzehn Stunden am Tag geschuftet und ein Produkt entwickelt, das dem Unternehmen Millionen einbringt. Jetzt ist der Moment gekommen, zwei Fliegen mit einer Motivationsklappe zu schlagen. Setzen Sie ein großes Meeting an, und überreichen Sie dem emsigen Mitarbeiter ein Geschenk, das er sich von seinem eigenen Geld nie kaufen würde, z. B. eine Gürtelschnalle mit dem Firmenlogo.

So vor aller Augen anerkannt zu werden zahlt sich doppelt aus: Der schwer arbeitende Mitarbeiter schwingt sich zu noch größeren Kraftanstrengungen auf, und seine Kollegen sind grün vor Neid, weil sie nicht mit einer Gürtelschnalle ausgezeichnet werden.

Schenken Sie nie etwas von Wert wie z. B. Aktienoptionen oder Prämien, denn das wäre die falsche Botschaft.

Ihre Mitarbeiter würden dann erkennen, daß sie nur bezahlte Hilfskräfte sind und nicht Mitglieder in der Familie der Gürtelschnallenbesitzer, die sie nach Ihrem Wunsch sein sollen.

GUTE NACHRICHTEN, LEUTE! DIE FIRMA HAT REKORDGEWINNE ZU VERZEICHNEN!
S. Adams E-mail: SCOTTADAMS@AOL.COM
DESHALB BEKOMMEN ALLE EIN T-SHIRT!
ES GIBT DIE GRÖSSEN „KLEIN", „WINZIGKLEIN" UND „ELFENHAFT".
SOLLTE DA NICHT DAS FIRMENLOGO DRAUF SEIN?
MENSCH, DAS MERKE ICH MIR FÜR NÄCHSTES JAHR!

AHA, 1 % BAUMWOLLE UND 99 % MISCHGEWEBE, IN SKLAVENARBEIT HANDGEFERTIGT.
© 1996 United Feature Syndicate, Inc.
IST DOCH TOLL! BEI SKLAVENARBEIT BRAUCHT MAN WENIGSTENS NICHT ZU BEFÜRCHTEN, DASS DIE AN MONTAGEN HERGESTELLTEN T-SHIRTS MINDERWERTIG SIND!
FRAGEN SIE SICH AUCH MANCHMAL, OB WIR BERUFLICH ÜBERHAUPT NOCH EINE ZUKUNFT HABEN?
LASSEN SIE DAS LIEBER, ALICE.
FREIZEIT-LOOK, ICH KOMME!

BEI UNSERER NEU EINGEFÜHRTEN ANERKENNUNGSAKTION WIRD IHR LEISTUNGSNIVEAU NACH EDELSTEINEN BENANNT.
S. Adams E-mail: SCOTTADAMS@AOL.COM
DER DIAMANT IST DIE HÖCHSTE STUFE. AUF JEDER STUFE BEKOMMEN SIE EINEN NEUEN RING.
© 1996 United Feature Syndicate, Inc.(NYC)
SIND SIE SICHER, DASS TALKUM EIN KOSTBARER EDELSTEIN IST?
ICH GLAUBE, ICH HABE GESEHEN, WIE ES GLITZERT.

2.7 Erzwungene Verbrüderung mit unangenehmen Leuten

Es gibt eine ausgezeichnete Methode, dafür zu sorgen, daß sich die Mitarbeiter ihres Lebens freuen. Zwingen Sie sie, noch mehr Zeit mit ihren Vorgesetzten und Kollegen zu verbringen.

So könnten Sie zum Beispiel einen Kegelclub gründen, in den nur Belegschaftsmitglieder aufgenommen werden. Dann üben Sie subtilen Druck auf Ihre Leute aus und nötigen sie, dem Club beizutreten. Es gibt zweierlei Grund zur Freude. Erstens sind die Betroffenen den ungeliebten Kollegen noch intensiver ausgesetzt als nur während ihrer Dienstzeit, und zweitens hat es etwas Erregendes, runtergelatschte Schuhe tragen zu können.

Während sich das eine Team nach der Niederlage vor Wut am liebsten in den Bauch beißen oder sich in ein Mauseloch verkriechen würde, lachen die begabten Gegner hämisch. So lernen sich die Mitarbeiter besser kennen und sammeln Lebenserfahrung. Was sie bei solchen Gelegenheiten allerdings über das Leben lernen, läßt in so manch einem den Wunsch aufkeimen, es möge bald zu Ende sein. Aber schließlich lernen sie, sich mit Niederlagen abzufinden – nicht als Einzelwesen, sondern als Kollegenkollektiv, in dem jeder jeden haßt. Das schränkt den privaten Tratsch am Arbeitsplatz in Zukunft sicher ein.

2.8 Interessante Arbeit

Von seiten Ihrer Mitarbeiter hören Sie zwar immer das Gewinsel um Gehaltserhöhungen, mehr Menschenwürde und kürzere Arbeitszeiten, doch in Wahrheit sehnen sich die Leute nach »interessanter Arbeit«. Und davon soviel wie möglich.

Dabei müssen Sie jedoch bedenken, daß vieles, was Ihnen als erfahrenem Manager langweilig erscheint, in den Augen der Mitarbeiter faszinierend ist. Daher erübrigt es sich, einen hochinteressanten Beruf wie Debitorenbuchhalter aufzuwerten, indem man ihn noch faszinierender gestaltet. Machen Sie die mit dem Posten verbundene Arbeit einfach schwerer – das läuft praktisch auf das gleiche hinaus.

2.9 Herausforderungen

Mitarbeiter möchten unbedingt gefordert werden. Tun Sie ihnen den Gefallen – jede wenn auch noch so abseitige Herausforderung ist gut genug. Sie könnten zum Beispiel so oft Präsentationen und Geschäftsberichte erstellen lassen, bis für die echte Arbeit keine Zeit mehr bleibt. Auf solche Herausforderungen sind die Mitarbeiter scharf. Geht es um ein besonders kniffliges, unangenehmes Projekt, können Sie es irgendeinem Ihrer Mitarbeiter einfach als »Herausforderung« unterjubeln. Auf diese leicht abgewandelte Bezeichnung hin kommt sich der Mitarbeiter wie ein olympiareifer Sportler vor und nicht wie der getretene Wurm, der er in Wahrheit ist. Die Wortwahl ist entscheidend.

2.10 Verdiensturkunden

Nichts spornt einen Mitarbeiter mehr an als eine Urkunde zur Würdigung seiner Verdienste. Es ist nicht die Urkunde selbst, die zählt, sondern das, was sie vermittelt. Besonders wenn die inspirierende Botschaft lautet:

Sie sind so wertvoll wie diese Urkunde

Obwohl die Urkunde für Verdienste verliehen wurde, die der Vergangenheit angehören, fühlt sich der Mitarbeiter motiviert, weil er jetzt seine ganze Hoffnung auf eine weitere Urkunde setzt – vorausgesetzt er rackert sich auch weiterhin so ab. Und die nächste Urkunde hat vielleicht schon einen Plastikrahmen.

(Das ist eine trügerische Hoffnung, denn Sie wollen die Verdiensturkunden möglichst breit streuen, damit alle motiviert sind und nicht nur die Draufgänger.)

2.11 Leere Karriereversprechen

Die Karriere eines Mitarbeiters kann kostspielig sein. Es kostet jedoch keinen Pfennig, jemandem eine Beförderung in ferner Zukunft zu versprechen. So ist der Mitarbeiter motiviert, das Unternehmen profitiert davon, und es geht nicht ans Eingemachte. Wenn die Zukunft sich dann einstellt (und das tut sie oft, das können Sie mir glauben), beklagt sich der Mitarbeiter garantiert, weil aus der Karriere noch nichts geworden ist. Jetzt ist es an der Zeit, die Teamleiter-Hinhaltetaktik anzuwenden.

Manchmal können Sie einen Mitarbeiter hinhalten und ihn an der Nase herumführen, so daß er glaubt, er sei befördert worden. Ernennen Sie ihn zum »Teamleiter«, und versichern Sie ihm, daß sein Gehalt höher ist als das der anderen Leute in der Gruppe. Als Teamleiter hat er ja keinen Zugang zu den Personalakten, er kann Ihnen also gar nicht auf die Schliche kommen.

Diese Methode kostet nichts und hat zudem den Vorteil, daß der Teamleiter zusätzlich zu seiner eigenen Arbeit auch noch einen Großteil Ihrer Arbeit übernimmt.

2.12 Die Möglichkeit, mit einem Vorstand zusammenzutreffen

Die Mitarbeiter halten die Unternehmensvorstände und Geschäftsführer grundsätzlich für skrupellose, inkompetente Schufte. Trotzdem brauche ich Ihnen wohl nicht zu sagen, daß sie überglücklich sind, wenn sich die Gelegenheit ergibt, einem der »hohen Tiere« persönlich zu begegnen. Daher stärkt es die Motivation ungeheuer, wenn Sie Ihren Mitarbeitern versprechen, sie zur Belohnung für ihre gute Arbeit mit jemandem von der Geschäftsführung zusammenzubringen.

Die Mitarbeiter halten das für eine großartige Idee. Sie sind ganz wild darauf. Sie träumen davon, daß der Vorstand den besonderen Glanz in ihren Augen und die Weisheit, die aus ihren Worten spricht, wohlwollend zur Kenntnis nimmt. Sie verrennen sich sogar in den Wunschtraum, der Vorstand möge sie in seinen Beraterstab aufnehmen.

Wunschtraum

Mitarbeiter:	Ich finde, wir müßten einen größeren Parkplatz haben.
Vorstand:	Mein Gott, was für eine geniale Idee! Ich werde sofort veranlassen, daß der Parkplatz erweitert wird.
Mitarbeiter:	Das ist doch noch nicht der Rede wert. Ich könnte Ihnen jede Menge Vorschläge machen.
Vorstand:	Von jetzt an werde ich keinen Schritt mehr tun, ohne Sie zu Rate zu ziehen.
Mitarbeiter:	(errötet vor Stolz)

EINER DER MITARBEITER WIRD MIT EINEM DER HERREN VON DER GESCHÄFTSFÜHRUNG ZU MITTAG ESSEN. DIE WAHL IST AUF SIE GEFALLEN.
DAMIT WILL DIE GESCHÄFTSFÜHRUNG DEMONSTRIEREN, DASS AUCH MANAGER GANZ NORMALE MENSCHEN SIND WIE SIE UND ICH.
BEIM MITTAGESSEN
ICH KÖNNTE SIE WIE EINE WANZE ZERTRETEN! HAHAHA!
© 1991 United Feature Syndicate, Inc

MITTAGESSEN MIT EINEM DER VORSTÄNDE. DIE WAHL FÄLLT AUF DILBERT
SIE MÜSSEN WISSEN, DASS ICH EIN GANZ NORMALER MENSCH BIN.
ALLERDINGS VERDIENE ICH EIN BISSCHEN MEHR ALS SIE UND HABE EIN NOBLES BÜRO ...
UND NATÜRLICH BIN ICH IHNEN GEISTIG HAUSHOCH ÜBERLEGEN.
© 1991 United Feature Syndicate, Inc

MITTAGESSEN MIT EINEM DER OBERSTEN BOSSE
BEI SO EINEM LUNCH MÖCHTE ICH HERAUSBEKOMMEN, WAS IN DEN MITARBEITERN VORGEHT. SIE KÖNNEN GANZ OFFEN SPRECHEN.
GUT ... ES MANGELT DEM UNTERNEHMEN MEINER MEINUNG NACH AN DER RICHTIGEN FÜHRUNG UND AN RICHTIGEN ZIELSETZUNGEN. DIE GESCHÄFTSFÜHRUNG BRINGT JEGLICHE INITIATIVE DADURCH ZUM ERLIEGEN, DASS SIE DIEJENIGEN BESTRAFT, DIE ETWAS RISKIEREN UND DEN MUND AUFMACHEN.
MIR BLEIBT NICHTS ANDERES ÜBRIG, ALS IHNEN DIESES KARTOFFELGRATIN AN DEN KOPF ZU WERFEN.
© 1991 United Feature Syndicate, Inc

2.13 Geldprämien für Selbstverständlichkeiten

Ob Sie es glauben oder nicht, aber so mancher Mitarbeiter läßt sich durch Geldprämien motivieren. Wenn es sich auch nicht beweisen läßt, daß da ein Zusammenhang besteht, so ist die Offensichtlichkeit doch kaum zu leugnen.

Geldprämien sollten so gering gehalten sein, daß sie den Profit des Unternehmens nicht besonders mindern. Gleichzeitig sollten sie immerhin so bemessen sein, daß der Mitarbeiter den Scheck nicht gleich zerreißt oder drauf herumkaut, bevor er Ihnen das Bällchen eingespeichelt ins Gesicht spuckt. Versuchen Sie es mit 500 Mark.

Nur ein paar Superstars sollten jedes Jahr eine solche Geldprämie erhalten, weil sie ja sonst nichts Besonderes mehr wäre. Schließlich geht es darum, daß sich die Mitarbeiter jeden Morgen bei Dienstantritt sagen:

»Mag sein, daß ich vorerst noch die größte Niete in der Firma bin, aber wenn ich achtzehn Stunden täglich schufte, stehen die Chancen 1:100, mir dafür eine Geldprämie von 250 Mark (nach Abzug der Steuern) einzuhandeln. Und dann auf nach Monte Carlo!«

Ein solcher Anreiz bewirkt, daß sich die Mitarbeiter alles, was sie in ihrer Dienstzeit tun, gründlich überlegen. Unproduktive Dinge wie z. B. Teamwork lassen sie infolgedessen lieber bleiben. Nur Leistungen, die über die normale Arbeitsplatzbeschreibung und Aufgabenstellung hinausgehen, sollten unter Umständen belohnt werden. Für die Mitarbeiter könnte es auf den ersten Blick so aussehen, als leisteten sie entschieden mehr als erforderlich. Doch zu den Aufgaben des knauserigen Managers gehört es, die Ansprüche ständig höherzuschrauben, bis praktisch alles Menschenmögliche zur alltäglichen Pflicht des Mitarbeiters gehört. Dieses Manöver wird auch »Empowerment« genannt, und die Unternehmen haben dadurch schon Milliarden an Geldprämien eingespart.

2.14 Anreize, Bazillen ins Büro zu bringen

Manchmal nehmen Ihre Mitarbeiter Todesfälle und Krankheiten zum Anlaß, um daheim zu bleiben. Sie müssen sich etwas einfallen lassen, damit sich das in Grenzen hält.

Teure Geschenke sind gar nicht nötig, um die Leute dazu zu bringen, zur Arbeit zu erscheinen. Meistens sind die Mitarbeiter wie gesagt schon begeistert von kleinen Digitaluhren oder sogar Kugelschreibern. Wichtig ist allein, daß Sie das Erscheinen des Arbeitnehmers am Arbeitsplatz irgendwie honorieren.

Es kann vorkommen, daß Mitarbeiter über Kollegen klagen, die angekrochen kommen und Bazillen im Büro verstreuen wie ein Hund, der sich schüttelt, wenn er aus dem Wasser kommt. Halten Sie den Störenfrieden vor, daß auch sie eines Tages (wahrscheinlich schon bald) krank sein könnten. Deshalb sollten sich die nörgelnden Kollegen hüten, »den ersten Stein zu werfen«.

MEINE GÜTE! DAS IST JA SCHOCKIEREND!
WAS DENN?
S.Adams E-mail: SCOTTADAMS@AOL.COM
IN 40 % DER FÄLLE SIND IHRE MITARBEITER FREITAGS UND MONTAGS KRANK.
4/17/96 © 1996 United Feature Syndicate, Inc.(NYC)
FÜR WAS FÜR EINEN IDIOTEN HALTEN DIE MICH EIGENTLICH?
JEDENFALLS NICHT FÜR EINEN FACHIDIOTEN. DIE KÖNNEN NÄMLICH RECHNEN.

MIR IST ZU OHREN GEKOMMEN, DASS 40 % DER KRANKHEITSTAGE AUF MONTAG UND FREITAG FALLEN. SO GEHT DAS NICHT WEITER.
S.Adams E-mail: SCOTTADAMS@AOL.COM
HAHAHA! DAS IST WIRKLICH GUT!
4/18/96 © 1996 United Feature Syndicate, Inc.(NYC)
DAS HAT DER DOCH WOHL NICHT ERNST GEMEINT?
WILLKOMMEN IN DER HÖLLE, MEIN JUNGE.

2.15 Zielsetzungen

Fordern Sie die Mitarbeiter auf, selbst an ihren Zielsetzungen mitzuarbeiten. Diese Methode nennt sich »Mitarbeiterbeteiligung«. Es kann sehr amüsant sein, das Geschehen zu beobachten.

Fordern Sie jeden Mitarbeiter auf, eine ganze Reihe geeignet erscheinender Zielsetzungen aufzuführen. Die cleveren unter Ihren Leuten knobeln vielleicht Dinge aus, die Freude machen und nicht meßbar sind.

Dinge, die Freude machen und nicht meßbar sind

- Regelmäßig erscheinende Zeitschriften auf wichtige Trends hin durchsehen, die Einfluß auf unsere Branche haben könnten.
- Sich die neueste Technologie aneignen und im Internet nach strategisch wichtigen Informationen suchen.
- Fachmessen und Tagungen in sonnigen Gegenden besuchen, um die Kundenorientierung zu verbessern.
- Bei allen wichtigen Projekten als hochgeschätzter freier Berater hinzugezogen werden.

Natürlich rechnen die Angestellten damit, daß Sie die Zielsetzungen »straffen« und auch etwas meßbarer machen. Es ist ein ganz natürlicher Vorgang, ein Geben und Nehmen, das im Endeffekt zu einem genau definierten Konsens führt. Am Ende sollte alles auf eine Reihe von Zielsetzungen hinauslaufen, die so genau umrissen und berechenbar sind wie die folgenden:

Spezifische und berechenbare Zielsetzungen

- Ein Computerbetriebssystem erstellen, das dem Unternehmen bis Ende des Jahres das Monopol über die gesamte Bildschirmarbeit auf Erden garantiert. Das neue System soll unter Windows 95 laufen.
- Täglich Statusberichte schreiben, durch die sich die Gewinne des Unternehmens um 20 % erhöhen.
- Eine neue Verkaufsabteilung aufbauen, und zwar ausschließlich unter Einsatz des eigenen Körpers.
- Dafür sorgen, daß die Reklamationen der Kunden um 150 % zurückgehen. Dazu ist jedes Mittel recht, einschließlich, aber nicht ausschließlich Gewaltanwendung.
- In Ihrem Büro Öl finden.
- Vor allem aber *Freude* an der Arbeit haben.

Letzteres beweist Ihre Fürsorge.

Irgendwann, und zwar meistens wenn die Zielsetzungen aus dem Drucker kommen, ändert sich das Arbeitsumfeld, und die Ziele werden hypothetisch bzw. strittig. Wahrscheinlich wollen Sie die Zielsetzungen nicht bei jeder kleinen Richtungsänderung neu definieren. Versichern Sie den Mitarbeitern lieber mündlich, daß Sie die Anpassung an die neuen Gegebenheiten im Geist vornehmen werden.

Sie können sich nicht vorstellen, wie gelassen und überzeugend ein Mitarbeiter wirken wird, wenn Sie ihm versichern, daß Sie seinen veränderten Zielsetzungen im Geist schon Rechnung getragen haben. Der Mitarbeiter legt die Stirn in Falten, ringt die kleinen Händchen und rutscht unruhig auf seinem Stuhl hin und her. Womöglich fängt er sogar auf der Stelle damit an, seine Bewerbungsunterlagen in Ihrem Beisein auf den neuesten Stand zu bringen. Sie brauchen sich nicht auf die Körpersprache zu verstehen, um zu merken, daß das alles Vertrauensbeweise sind.

Bevor das nächste Zielvereinbarungsgespräch fällig wird, leiten Sie schon längst eine andere Gruppe. Zerbrechen Sie sich nicht den Kopf über die Mitarbeiter, die Sie zurückgelassen haben. Die Firmenpolitik besagt zwar, daß Sie die Leistungsbeurteilungen der Mitarbeiter in Ihrer vorigen Abteilung abzuschließen haben, aber in der Praxis hat dies nur den Zweck, die Leute bei Laune zu halten – in Wahrheit brauchen Sie sich nicht darum zu kümmern.

Von Ihnen wird jedoch verlangt, daß Sie die Mitarbeiter in der von Ihnen neu übernommenen Gruppe beurteilen. Sie haben keine Ahnung, womit die sich das ganze Jahr beschäftigt haben. Das spielt aber keine Rolle, denn ihre Zielsetzungen sind inzwischen ohnehin von gestern. Lasten Sie Ihrem Vorgänger einfach mangelndes Feedback an. Behaupten Sie, Sie erwarteten seinen Anruf. Machen Sie so weiter, bis Sie wieder versetzt werden und Gras über die Sache wächst.

Falls Sie aus irgendeinem Grund lange nicht versetzt werden, kann es passieren, daß Sie sich gezwungen sehen, einen Leistungsbericht zu verfassen und Gehaltserhöhungen abzuzeichnen. Bitten Sie die Mitarbeiter, sich selbst zu ihrem Leistungsniveau zu äußern. Die sehen sicher keinen Sinn darin, weil sie im Endeffekt ja doch kein Mitspracherecht bei ihrer Beurteilung haben. Und es könnte danach aussehen, als nähmen sie Ihnen die Arbeit ab. Diese Bedenken können Sie zerstreuen, indem Sie menschliche Anteilnahme heucheln.

Natürlich monieren die Mitarbeiter, daß sie nichts dafür können, daß viele Zielsetzungen inzwischen ein alter Hut sind. Raten Sie ihnen dazu, einfach im nachhinein Zielsetzungen auf der Basis dessen, was sie tatsächlich getan haben, zu erfinden und ihre Leistung dann dementsprechend einzustufen.

An dieser Stelle werden sich die Mitarbeiter sicher ernsthaft fragen, ob Sie auch nur die Luft wert sind, die Sie einatmen. Aber anstatt sich mit dieser philosophischen Frage zu beschäftigen, werden die Mitarbeiter die Gelegenheit beim Schopf packen, ihre Leistungen in der Hoffnung auf eine Gehaltserhöhung maßlos zu übertreiben. Da sind sie wirklich komisch!

Vielleicht fühlen Sie sich durch die Tatsache in die Enge getrieben, daß sich die Mitarbeiter bei jeder Zielsetzung als »gottähnlich« einstufen. Das läßt nämlich den Schluß zu, daß ihnen eine beträchtliche Gehaltserhöhung zustünde. Sie haben jedoch zwei Möglichkeiten, Ihren Mitarbeitern einen Strich durch die Rechnung zu machen:

1. Machen Sie ihnen klar, daß sie zwar regelrecht übers Ziel hinausgeschossen sind, daß die Ziele selbst dem Unternehmen jedoch nicht sehr wichtig waren. Die Politik besteht darin, nur Leute zu honorieren, die »etwas bewirken«.

2. Machen Sie den Mitarbeitern klar, sie hätten zwar eindrucksvolle Leistungen erbracht, doch das Unternehmen habe dieses Jahr sozusagen eine Durststrecke zu überwinden. Aus diesem Grund könne so gut wie jeder nur mit einer minimalen Gehaltserhöhung rechnen.

2.16 Leistungsbewertung

Mit nichts können Sie die Untergebenen so gut motivieren wie mit der alljährlichen Bewertung ihrer Leistung. Der einzige Nachteil dabei ist, daß Sie möglicherweise gezwungen sind, mehr als einmal im Jahr mit Ihren Angestellten zu sprechen. Aber lassen Sie sich deshalb keine grauen Haare wachsen – Sie können im allgemeinen damit rechnen, wieder versetzt zu werden, bevor sich das als nötig erweist.

Ihre Aufgabe besteht darin, jedem Mitarbeiter klarzumachen, daß Ihre Beurteilung seiner Leistung der Maßstab für eine wie auch immer geartete Belohnung ist. In Wahrheit zeugt dieser Jahresbericht jedoch lediglich von Ihrer Fähigkeit, Veränderungen des Arbeitsumfeldes vorauszusagen, die an sich nicht vorherzusehen sind. Aber wenn Sie das den Mitarbeitern so erklären, sind sie nicht motiviert, sondern werden zu Zynikern. Das lehrt uns die Erfahrung. Sie müssen Ihre ehrfurchtgebietende Überzeugungskraft aktivieren, um ihnen weiszumachen, das Arbeitsumfeld sei eine vorhersehbare Konstante, und nur ihre Leistung sei veränderlich.

ALICE, MEINE BEWERTUNG IHRER LEISTUNG IST SO GUT WIE FERTIG.
SEUFZ
S. Adams E-mail: SCOTTADAMS@AOL.COM
VIER JAHRE HAT ES KEINE BEURTEILUNG ÜBER MICH GEGEBEN. SIE LEGEN WOHL GERADE EINE AKTE AN UND DOKUMENTIEREN ALLES, DAMIT SIE MICH SPÄTER FEUERN KÖNNEN.
2/23
© 1995 United Feature Syndicate, Inc. (NYC)
ICH WERDE 24 STUNDEN AM TAG ARBEITEN!
ICH HÄTTE NIE GEDACHT, DASS DAS SO MOTIVIEREN WÜRDE.

ICH HABE EINEN HORROR VOR DEM MORGIGEN BEURTEILUNGS-GESPRPÄCH.
2/24
S. Adams E-mail: SCOTTADAMS@AOL.COM
MÄNNER HABEN ES LEICHTER. SIE SIND GESTÄHLT DURCH JAHRE-LANGE ZURÜCKWEISUNG UND ALLGEGENWÄRTIGE GERINGSCHÄTZUNG.
JA, SO GESEHEN HABEN WIR WIRKLICH GLÜCK.
© 1995 United Feature Syndicate, Inc. (NYC)
INSGESAMT GESEHEN HABE ICH IHRE LEISTUNG ALS „AFFENARTIG" EINGESTUFT.
DANKE.

IHRE JAHRESLEI-STUNGSBILANZ IST FÄLLIG.
S. Adams
WIR GEHEN VOR WIE IMMER.
RICHTEN SIE SICH BEI IHREN AUSFÜHRUNGEN NACH DEN TREND-KATEGORIEN AUF DIESEM FORMULAR.
1. SCHÄTZEN SIE DEN KURSWERT IHRER BEFÄHIGUNG IM LAU-FENDEN GESCHÄFTS-JAHR EIN. NENNEN SIE BEISPIELE.

DIE VON IHNEN ANGE-FÜHRTEN LEISTUNGEN MÜSSEN IM EINKLANG MIT DER GEHALTSER-HÖHUNG STEHEN, DIE ICH IHNEN ZUGEDACHT HABE.
E-mail: SCOTTADAMS@AOL.COM
VERRATEN SIE MIR DOCH, WELCHE SUMME IHNEN VORSCHWEBT.
WAS? DANN WÄRE DIE MOTIVATION BEIM TEUFEL, DIE DIESE METHODE EIGENTLICH BEWIRKEN SOLL.
WOMIT HABE ICH SOLCHE ZYNISCHEN MITARBEITER BLOSS VERDIENT?

ANSTELLE DES BISHERIGEN EINSTUFUNGSSYSTEMS FÜHRE ICH JETZT EINE HUMANERE METHODE EIN. ICH SETZE JEDEN MITARBEITER MIT EINEM TIER GLEICH, DAS ÄHNLICHE ZÜGE AUFWEIST.
SIE HABE ICH MIT „TYRANNOSAURUSREX" BEZEICHNET.
TYRANNOSAURUS REX, DER GRÖSSTE DINOSAURIER!
ICH HABE DABEI AN DIE GRÖSSE SEINES GEHIRNS GEDACHT.
S. Adams E-mail: SCOTTADAMS@AOL.COM
2/25
© 1998 United Feature Syndicate, Inc. (NYC)

VON JETZT AN HÄNGEN GEHALTSERHÖHUNGEN TEILWEISE VON DER BEURTEILUNG DES EINZELNEN DURCH SEINE KOLLEGEN AB.
NEHMEN WIR EINMAL AN, DIE KOLLEGEN BEKOMMEN NUR EINE GERINGFÜGIGE GEHALTSERHÖHUNG – DANN MÜSSTE DOCH MEHR FÜR MICH ÜBRIGBLEIBEN, ODER NICHT?
DAS HAT JA NICHT LANGE GEDAUERT – SELBST FÜR UNSERE VERHÄLTNISSE.
3-2
S. Adams © 1993 United Feature Syndicate, Inc
Internet: scottadams@aol.com

ER IST ZUSAMMEN MIT DEN ANDEREN MANAGERN IN EINER SITZUNG ZUR ERMITTLUNG DER EINSTUFUNG UND DES STELLENWERTS DER MITARBEITER.
IHR GEHALT HÄNGT DAVON AB, INWIEWEIT IHR CHEF DIE GEWÜNSCHTE GEHALTSERHÖHUNG VOR DEN ANDEREN MANAGERN VERTRITT.
ICH BIN MIR ZIEMLICH SICHER, DASS DIESER DILBERT FÜR SIE ARBEITET.
DILBERT? NIE GEHÖRT.
S. Adams www.unitedmedia.com
7/4/96 © 1998 United Feature Syndicate, Inc. (NYC)

2.17 Steigerung der Produktivität

Wie schön wäre es, wenn die Mitarbeiter ohne zusätzlichen Ansporn von sich aus Höchstleistungen erbringen würden. Aber wie Ihnen wohl schon aufgefallen sein dürfte, sind diese Leute faul und egoistisch, wenn man nicht mit Hilfe moderner Managementmethoden dagegen ankämpft.

Man kann die Mitarbeiter vor allem mit drei Dingen zu größerer Produktivität antreiben:

1. Slogans
2. Drohungen
3. Unbezahlte Überstunden

Ich will Ihnen nicht weismachen, daß Sie die Produktivität der Mitarbeiter ausschließlich mit Hilfe eines Slogans steigern können. Der Slogan muß auch auf einem großen Plakat stehen, das an der Wand hängt. Dadurch demonstrieren Sie, daß es Ihnen ernst ist. Können Sie sich nicht dazu aufraffen, merken Ihre Angestellten nicht, wie scharf Sie darauf sind, daß alle ohne Bezahlung Überstunden machen.

Drohungen sind eine ausgezeichnete Methode zur Steigerung der Produktivität. Um Ihnen das zu verdeutlichen, möchte ich Sporttaucher als Beispiel anführen. Nehmen wir einmal an, man schubst zwei Sporttaucher gleichzeitig da ins Wasser, wo es von Haien nur so wimmelt. Der eine Sporttaucher ist nur von dem Wunsch beseelt, so geschickt und elegant wie möglich den Haien zu entkommen, während den anderen nur die Angst vor dem Gefressenwerden treibt. Welcher von den beiden schwimmt wohl schneller?

Genaugenommen bleibt sich das völlig gleich, denn keiner der beiden Taucher entkommt dem großen weißen Hai. Beide werden sozusagen zu Hackfleisch verarbeitet, wenn Sie meinem Vergleich folgen können. Ich will damit sagen, daß man keine Taucher, sondern Haie einstellen muß, wenn es einem um die Produktivität geht. Haie sind nun einmal schneller und erwarten gar nicht, daß man sie ihrer Leistung entsprechend bezahlt.

Wenn aber Haie aus ethischen oder sonstigen Gründen Bedenken haben, für Sie zu arbeiten, gibt es auch noch andere Methoden.

MAL SEHEN, OB MEIN EINFALL, DIE PRODUKTIVITÄT DER MITARBEITER MIT HILFE EINES RINDERELEKTROSTABS ZU STEIGERN, TATSÄCHLICH ETWAS BRINGT.
ZISCH!
MÜSS DRAN DENKEN, NÄCHSTES MAL DAS ISOLIERTE ENDE IN DIE HAND ZU NEHMEN.
© 1992 United Feature Syndicate, Inc.

JEDER NIMMT EINES UND MACHT ES GUT AM KOPF FEST.
VON ZEIT ZU ZEIT VERSETZE ICH IHNEN EINEN SCHMERZHAFTEN ELEKTROSCHOCK MIT MEINEM „AUTORITÄTSGÜRTEL".
WENN WIR NICHTS LEISTEN?
DAS IST EIN ANWENDUNGSBEISPIEL VON VIELEN.
Internet: scottadams@aol.com

DIESE LÄCHERLICHEN MANAGEMENTMETHODEN WIE „EMPOWERMENT" UND „QUALITÄT" HÄNGEN MIR ALLMÄHLICH ZUM HALS HERAUS.
SCHREIBEN SIE GEFÄLLIGST EINE BESSERE AKTENNOTIZ, SONST LEITE ICH EINEN STARKEN STROMSTOSS DURCH IHREN KOPF.
DAS SCHÖNSTE DARAN IST, DASS ALLES SO HERRLICH SUBJEKTIV IST.

DAS PROJEKT IST NUR ZU SCHAFFEN, WENN WIR NOCH VIER INGENIEURE HINZUZIEHEN.
ES GIBT AUCH NOCH EINE ANDERE MÖGLICHKEIT. SIE KÖNNTEN DURCHBLICKEN LASSEN, DILBERT DROHE DIE ENTLASSUNG. DANN LEISTET ER GARANTIERT DAS FÜNFFACHE.
WAR NUR SPASS! HAHAHA!
ICH HABE SCHON DARAN GEDACHT, DIE ZAHL DER MITARBEITER ZU VERRINGERN.
E-Mail: SCOTTADAMS@AOL.COM
© 1994 United Feature Syndicate, Inc.

Viele Stunden werden täglich verschwendet, weil die Mitarbeiter darauf bestehen, zu essen, zu schlafen und sich fortzupflanzen. Sie können diese Zeit der Unproduktivität verkürzen, indem Sie Ihre Leute zwingen, unbezahlte Überstunden zu machen.

Unbezahlte Überstunden dürfen Sie das jedoch nicht nennen. Bezeichnen Sie diese Arbeit als »Hingabe an den Beruf«, »professionelles Verhalten«, oder erfinden Sie irgendeinen anderen nobel klingenden Namen dafür. Lassen Sie sich keinesfalls dazu hinreißen, auszurufen: »*Hahaha, Sie rackern sich ganz umsonst ab!!!*« Motivation können Sie dann nicht mehr erwarten.

Es mag zwar danach aussehen, als seien die Mitarbeiter kreativer, wenn sie Überstunden machen, aber lassen Sie sich durch diese bedrohliche Wende nicht aus der Fassung bringen. Von Kreativität kann da nämlich eigentlich gar keine Rede sein. Es handelt sich vielmehr um Schwachsinn. Schwachsinn weist frappierende Parallelen zur Kreativität auf, allerdings spart man die Ausgaben für Künstlerbedarf.

Kreativität kann Ihrem Unternehmen sehr viel Ärger machen, wohingegen Schwachsinn die Lohnkosten in Grenzen hält. Der Grat ist sehr schmal, wenn Sie sich aber die Ohren Ihrer Mitarbeiter ansehen, merken Sie den Unterschied. Ist ein Ohr mehrmals durchstochen, deutet dieses Piercing auf Kreativität hin – ein sehr schlechtes Zeichen. Fehlt ein Ohr ganz, ist das Schwachsinn. Das ist gut.

MENSCH, TIM, SIE SEHEN JA SCHRECKLICH AUS.
ICH HABE FÜNF TAGE NICHT GESCHLAFEN UND DURCHGEARBEITET, UM DIESEN BERICHT FERTIGZUBEKOMMEN.
S.Adams
ZUERST HATTE ICH EINEN BLACKOUT, ABER AM VIERTEN TAG HAT MICH DER AFFENGOTT DER INKAS HEIMGESUCHT UND MIR GESAGT, WAS ICH SCHREIBEN SOLL.
8-3
© 1992 United Feature Syndicate, Inc.
MENSCH, WAS FÜR EIN GLÜCK!
JETZT MUSS ICH NUR NOCH JEMANDEN FINDEN, DER SEINE EINFACHE, ABER WUNDERSCHÖNE SPRACHE IN UNSERE SPRACHE ÜBERSETZEN KANN.

MIR IST ZU OHREN GEKOMMEN, DASS SIE TAGE- UND NÄCHTELANG DURCHGEARBEITET HABEN, BLOSS UM EINE WILLKÜRLICH FESTGESETZTE DEADLINE EINZUHALTEN.
URGEL, FLMP.
S.Adams
DAHER IST IHR BERICHT NUN CHAOTISCH UND VÖLLIG UNVERSTÄNDLICH. MIR BLEIBT NICHTS ANDERES ÜBRIG, TIM.
GLIB, NAB.
8-4
© 1992 United Feature Syndicate, Inc.
TIM IST ZUM ABTEILUNGSLEITER BEFÖRDERT WORDEN.
WER WEISS, OB ER DAS ÜBERHAUPT BEGRIFFEN HAT.

HIER IST NOCH ETWAS GANZ UNWICHTIGES. TROTZDEM MUSS ES GETAN WERDEN.
S.Adams
ICH LEITE ES AN EINEN UNTERGEBENEN WEITER. DADURCH WIRD DIE VERMEINTLICHE BEDEUTUNG NOCH ERHÖHT, UND MORAL UND PRODUKTIVITÄT SIND BALD IM EIMER.
© 1992 United Feature Syndicate, Inc.
WAS FÜR EIN SEGEN, ICH HABE ZWEI KOPIEN!
8-19

ALICE, WIE ICH HÖRE, VERBRINGEN SIE DIE ABENDE MIT MANN UND KINDERN.
S. ADAMS E-MAIL: SCOTTADAMS@AOL.COM
DIESE ZEIT KÖNNTEN SIE PRODUKTIVER NUTZEN UND OHNE BEZAHLUNG ÜBERSTUNDEN MACHEN.
10-19
HABEN SIE EINE FRAU UND KINDER?
HM, DAS WÄRE EINE ERKLÄRUNG FÜR DIE LEUTE IN MEINEM HAUS.

ICH KANN NICHT EWIG ÜBERSTUNDEN MACHEN, WO BLEIBT DENN DA MEIN PRIVATLEBEN?
ALICE, ALICE, ALICE ...
S. ADAMS E-MAIL: SCOTTADAMS@AOL.COM
DAS IST NICHT MEHR DIE „ICH"-GENERATION DER ACHTZIGER. JETZT HABEN WIR DIE „LEBLOSEN NEUNZIGER". DAS JAHRZEHNT DES HUNDELEBENS. ICH ERWARTE VON IHNEN, DASS SIE VON JETZT AN 178 STUNDEN PRO WOCHE ARBEITEN.
10-20
DIE WOCHE HAT ABER NUR 168 STUNDEN.
IHR MANN UND IHRE KINDER KÖNNEN JA WOHL AUCH EIN PAAR STUNDEN OPFERN.

STÄNDIG MACHE ICH ÜBERSTUNDEN, ICH BIN KAUM NOCH ZU HAUSE.
S. ADAMS E-MAIL: SCOTTADAMS@AOL.COM
DAS LÄSST DAS UNTERNEHMEN NICHT KALT. DESHALB HABEN WIR EIN PROGRAMM ENTWICKELT, WIE SIE DAMIT FERTIGWERDEN.
10-21
„SCHEIDUNG UND ADOPTION – DER TREND DER NEUNZIGER."

2.18 Teamworktraining

Sie hassen Ihre Mitarbeiter oder wollen sie dazu bringen, zu kündigen, ohne eine Abfindung zu verlangen? Ein guter Hinweis ist die Anmeldung zum obligatorischen Teamworktraining. Am besten sind die Trainingsangebote, die tödlich enden können. Teambildung ist mehr als eine Methode zum Loswerden von Mitarbeitern. Die Leute lernen sich dabei auch auf eine Art und Weise kennen, die die Produktivität steigert. Wenn einem Mitarbeiter zum Beispiel die Unfähigkeit von Kollegen auffällt – und zwar nicht nur, was ihre Jobs angeht, sondern auch bei den an den Haaren herbeigezogenen Teambildungsübungen –, gibt sich dieser Mitarbeiter gar nicht erst der Hoffnung hin, ihm könnte im Büro Hilfe zuteil werden. Infolgedessen sind nicht so viele Meetings nötig, und die Produktivität wird gesteigert.

2.19 Hindernisse aus dem Weg räumen

Sie können die Motivation steigern, indem Sie anbieten, »Erfolgshindernisse aus dem Weg zu räumen«. Einfach ist das nicht, weil Sie ja auch ein Problem für die anderen sind. Und Probleme, an denen Sie zufällig einmal keine Schuld trifft, sind meistens so schwerwiegend, daß Sie ohnehin nichts daran ändern können – nicht mal, wenn Sie es versuchen würden.

Am besten versprechen Sie, die Hindernisse aus dem Weg zu räumen, und behaupten später, Sie hätten es versucht, aber jemand hätte einfach nicht zurückgerufen. Sie können natürlich auch erzählen, Sie hätten in dem Bemühen, Abhilfe zu schaffen, »all Ihr Pulver verschossen«.

IHR PROGRAMM MUSS DOPPELT SO SCHNELL FERTIG WERDEN, DESHALB STELLE ICH IHNEN EINE HILFSKRAFT ZUR VERFÜGUNG.
S. Adams E-mail: SCOTTADAMS@AOL.COM
VIELLEICHT MÜSSEN SIE IHN ERST EIN BISSCHEN ANLERNEN, DAMIT ER WIRKLICH PRODUKTIV IST.
ACHTUNG! WARNUNG! DR. SCHMID!
3-7 © 1996 United Feature Syndicate, Inc. (NYC)
ERKLÄREN SIE MIR DOCH NOCHMAL, WAS DAS GROSSE LEUCHTENDE DING DA IST.

HIER IST DAS ENDGÜLTIGE DESIGN FÜR DAS PROJEKT „ZEBRA“. WOCHENLANG HABE ICH TAG UND NACHT DARAN GEARBEITET, DAMIT ES RECHTZEITIG FERTIG WIRD.
S. Adams E-Mail: SCOTTADAMS@AOL.COM
DAS PROJEKT HABE ICH SCHON VOR EINEM MONAT EINGESTELLT. ICH WOLLTE ES IHNEN SAGEN.
8-5
© 1994 United Feature Syndicate, Inc
IN MANCHEN LÄNDERN WÄRE ES GANZ LEGAL, SIE MIT DIESEM AKTENORDNER ZU ERSCHLAGEN.
DESHALB MACHE ICH AUCH KEINE AUSLANDS-REISEN.

ALICE, DIESE UNSCHÖNEN STAPEL VON PAPIEREN SIND EIN AFFRONT GEGEN MEINE POLITIK DES „LEEREN SCHREIBTISCHS“.
ALICE
S. Adams E-mail: SCOTTADAMS@AOL.COM
5/22/96 © 1996 United Feature Syndicate, Inc.(NYC)
ÜBER DEN ERGONOMISCHEN ASPEKT DIESER SITUATION WILL ICH MICH ERST GAR NICHT AUSLASSEN.
WALLY

DIE SIEBEN WEGE ZUR DEFEKTIVITÄT
OW
S. Adams
1. IGNORIEREN, WENN SICH ANDERE NICHT WOHL FÜHLEN
WARUM MUSS DENN IMMER NUR ICH DAS WORT ERGREIFEN?
2. MACHEN SIE LEUTE IN DER ÖFFENTLICHKEIT LÄCHERLICH
DAS NEUESTE MITGLIED UNSERES TEAMS SIEHT AUS WIE EIN FILMSTAR, NICHT WAHR, LASSIE?
3. BESCHULDIGEN SIE BEI ALLEN KLAGEN DEN KLAGENDEN
SIE MOTIVIEREN MICH NICHT!
VIELLEICHT SOLLTEN SIE ZU EINEM PSYCHIATER GEHEN.
4. KOMMEN SIE ZU SPÄT UND SPRECHEN SIE STRITTIGE THEMEN AN
ICH FINDE, WIR SOLLTEN „BARNEY" ZU UNSEREM MASKOTTCHEN MACHEN.
5. ERTEILEN SIE RATSCHLÄGE, WANN IMMER SIE KEINE AHNUNG HABEN
HIER WÄRE DOCH EIN ASSEMBLYLINECODE ANGEBRACHT.
6. DEMONSTRIEREN SIE IHRE VORURTEILE DURCH KOMPLIMENTE
OH, EINE SCHÖNE FRISCHE FOTOKOPIE, ALICE. SICHER HÄTTE DAS KEIN MANN BESSER MACHEN KÖNNEN.
7. BEZIEHEN SIE WITZE NICHT AUF SICH
HIHI, WAS DER KERL FÜR HAARE HAT!

UNSER NEUES MOTTO LAUTET: „WIR MACHEN ES BEIM ERSTEN MAL SCHON RICHTIG."
WENN SIE MERKEN, DASS FEHLER NICHT GEDULDET WERDEN, SETZEN SIE IHRE QUALITÄTSMASSSTÄBE GLEICH VIEL HÖHER AN.
ICH HABE EINE FRAGE.
DA SICH FEHLER NICHT VERMEIDEN LASSEN, KÖNNTE ES DOCH SEIN, DASS IHR MOTTO UNS DARAN HINDERT, IRGEND ETWAS FERTIGZUBEKOMMEN.
WIR WERDEN AUS ANGST VOR FEHLERN WIE GELÄHMT SEIN, OPFER UNSERES EIGENEN UNREALISTISCHEN MOTTOS.
IHR MOTTO KÖNNTE EBENSOGUT LAUTEN: „WER ARBEITET, WIRD BESTRAFT."
IHRE MEINUNG IST MIR WICHTIG. WALLY, FERTIGEN SIE POSTER AN, AUF DENEN STEHT: „WIR MACHEN ES BEIM ERSTEN MAL SCHON RICHTIG."
WALLY IST GELÄHMT.
NÄCHSTER PUNKT: WARUM IST DIE ARBEITSMORAL SO NIEDRIG?

ARBEITEN SIE DOPPELT SO SCHNELL, SEIT ICH DIE MANNSCHAFT VERDOPPELT HABE?
ICH HABE ZWÖLF MODULE KODIERT ... BARRY IST AUF ENTDECKUNGSREISE UND KOMMT SICHER BALD DAHINTER, DASS MEINE MAUS KEIN MIKROPHON IST.
HALLO, LEUTE!!
DAS ERKLÄRT AUCH, WARUM KEIN MENSCH AUF MEINE LAUTSPRECHER-DURCHSAGEN REAGIERT.

SIE HABEN DIESES JAHR GUTE ARBEIT GELEISTET, HABEN ABER AN PROJEKTEN GEARBEITET, DIE NICHT WICHTIG SIND. DESHALB BEKOMMEN SIE NUR EINE MINIMALE GEHALTS-ERHÖHUNG.
ICH HABE DIE AUFGABEN ERFÜLLT, DIE SIE MIR ÜBERTRAGEN HABEN. WAS SAGT DIES ÜBER IHRE LEISTUNG AUS?
ICH LEISTE AUSGEZEICHNETE ARBEIT. ICH BEKOMME EINE SONDERPRÄMIE DAFÜR, DASS MEINE MITARBEITER DIE NIEDRIGSTEN GEHÄLTER BEZIEHEN.
WISSEN SIE, OB ES BÜCHER ÜBER GEWALT AM ARBEITSPLATZ GIBT?

ICH SEHE HIER ANZEICHEN FÜR PRODUKTIVITÄT. SIE KOMMEN IN EIN ANDERES KABUFF.
DILBERT
IHR TELEFON UND IHR COMPUTER WERDEN WOCHENLANG NICHT ANGESCHLOSSEN, IHRE AKTEN WERDEN IN KARTONS GESTOPFT UND GEHEN VERLOREN.
GROSSER GOTT, JETZT TUN SIE NICHT MEHR SO, ALS WÄREN SIE AUF UNSERER SEITE!!
VERLIERER.

DIESES TORTENDIAGRAMM IN 3-D UND FARBE ZEIGT EINEN UNERKLÄRLICHEN KOSTENANSTIEG.
?
S.Adams E-mail: SCOTTADAMS@AOL.COM
JEDER VON IHNEN ERHÄLT EINE MAPPE MIT FARBIGEN TORTENDIAGRAMMEN, DAMIT AUCH SIE DER URSACHE FÜR DEN KOSTENANSTIEG AUF DEN GRUND GEHEN KÖNNEN.
2/1/96 © 1996 United Feature Syndicate, Inc.(NYC)
WIEVIEL KOSTEN FARBKOPIEN?
ICH GLAUBE, ICH SEHE ES!
DAS IST DOCH KEIN MAGISCHES AUGE, DOOFKOPP.

KÖNNEN SIE NÄCHSTE WOCHE EINE DEMO DES NEUEN PRODUKTES FÜR UNSEREN VIZEPRÄSIDENTEN MACHEN?
S.Adams E-mail: SCOTTADAMS@AOL.COM
ALSO, DANN VERSCHIEBT SICH DAS VERSANDDATUM, DIE ARBEITSMORAL SINKT, UND DIE NACHFRAGE NACH WEITEREN UNPRODUKTIVEN DEMOS NIMMT KEIN ENDE.
3/6/96 © 1996 United Feature Syndicate, Inc.(NYC)
ABER DA SIE BEWEISEN MÖCHTEN, DASS WIR WERTVOLLE ARBEIT LEISTEN ...
UND WIR BRAUCHEN AUCH EIN PLAKAT, AUF DEM „QUALITÄT“ STEHT.

ALICE, SIE HABEN IN LETZTER ZEIT ACHTZEHN STUNDEN PRO TAG GEARBEITET. ICH STELLE IHNEN NOCH JEMANDEN ZUR VERFÜGUNG.
S.Adams E-mail: SCOTTADAMS@AOL.COM
ICH HABE EINEN MANAGER FÜR DIE SPÄTSCHICHT EINGESTELLT. WENN ICH UM FÜNF NACH HAUSE GEHE, VERTRITT ER MICH UND FRAGT SIE, WARUM SIE DERMASSEN IM RÜCKSTAND SIND.
4/15/96 © 1996 United Feature Syndicate, Inc.(NYC)
ICH MÖCHTE DIE ZWISCHENBERICHTE IN 3-D. VERPLEMPERN SIE ABER NICHT ZUVIEL ZEIT DAMIT.

DIESER HUND HAT EIN SPEZIALTRAINING GENOSSEN, DAS IHN VERGEUDETE RESSOURCEN AUFSPÜREN LÄSST.
S. Adams E-mail: SCOTTADAMS@AOL.COM
MIT SEINER HILFE WERDE ICH HERAUSBEKOMMEN, WARUM SIE MIT IHREM PROJEKT SO IM RÜCKSTAND SIND, OBWOHL ICH JA NUN ALS MANAGER HINZUGEKOMMEN BIN.
4/16/96 © 1996 United Feature Syndicate, Inc.(NYC)
WIR FANGEN AN, SOBALD ER KEINE LUST MEHR HAT HERUMZUALBERN.

WIR MÜSSEN EIN PAAR SCHRITTE ÜBERSPRINGEN, UM RECHTZEITIG AM MARKT ZU SEIN.
S. Adams E-mail: SCOTTADAMS@AOL.COM
ICH GLAUBE, DIE MARKTFORSCHUNG UND DIE TECHNISCHEN ÜBERPRÜFUNGEN KÖNNEN WIR UNTER DEN TISCH FALLEN LASSEN. IM GRUNDE GENOMMEN FÄLLT DAS UNTER „FIXKOSTEN“.
5/3/96 © 1996 United Feature Syndicate, Inc.(NYC)
WEG! JETZT SIND WIR VOR ALLEN ANDEREN DA.
WIE EIN NICHT FERTIG GEBACKENER KUCHEN.

HIER SIND MEINE HAUSHALTSVORSCHLÄGE FÜR DAS GANZE JAHR.
S. Adams E-mail: SCOTTADAMS@AOL.COM
WEGEN DER STÜMPERHAFTEN AKTIONEN UND DER UNENTSCHLOSSENHEIT DES MANAGEMENT WILL ICH MONATELANG KEIN KAPITAL MEHR AUSGEBEN. AM JAHRESENDE FOLGT DANN EIN UNVERANTWORTLICHER KAUFRAUSCH.
5/4/96 © 1996 United Feature Syndicate, Inc.(NYC)
HABEN SIE SICH DAS SO GEDACHT?
ERKLÄREN SIE MIR DOCH NOCH EINMAL, WAS „KAPITAL“ IST.

WIESO IST MIR ZUMUTE, ALS HINGE EIN DAMOKLESSCHWERT ÜBER MIR?
GUTE NACHRICHTEN!
OJE!
JETZT BRAUCHEN SIE NICHT MEHR EINSAM UND ALLEIN IN DIESEM WINZIGEN KABUFF ZU SITZEN.
BEKOMME ICH EIN EIGENES BÜRO?
NOCH VIEL BESSER! VON JETZT AN TEILEN SIE IHR KABUFF MIT EINEM KOLLEGEN!

WARUM DENN DAS??? WIR HABEN DOCH JEDE MENGE LEERER BÜROZELLEN. DAS GANZE GEBÄUDE GEHÖRT SCHLIESSLICH DEM UNTERNEHMEN.
DIE FINANZVERWALTUNG BELASTET MEINEN ETAT MIT DER MIETE FÜR DIE VON UNS GENUTZTE FLÄCHE.
ABER DAMIT SPAREN SIE AM FALSCHEN ENDE. DAMIT SCHADEN SIE DEM UNTERNEHMEN NUR!
ICH HÖRE NUR EIN LEISES SUMMEN.
ACH, SO SCHLIMM WIRD ES SCHON NICHT WERDEN.
HOFFENTLICH SIND SIE AUCH SO VERSESSEN AUF BAKED BEANS UND SQUARE DANCE WIE ICH!

DIESE GRAPHIK ZEIGT UNSER GRÖSSTES HINDERNIS AUF DEM WEG ZUM ERFOLG.
RDS ZPL ABP
NDP QAT LNP
?
?
?
SOLL DAS HEISSEN, DASS UNSER GRÖSSTES HINDERNIS AUF DEM WEG ZUM ERFOLG EINE SCHLECHTE GRAPHIK IST?

ICH GLAUBE, ER MEINT, UNSER GRÖSSTES PROBLEM LIEGT DARIN, DASS MAN MIT IHM NICHT KOMMUNIZIEREN KANN. ZWISCHEN IHM UND UNS GIBT ES KEINE VERSTÄNDIGUNGSMÖGLICHKEIT.
ICH GLAUBE, WAS ER ANDEUTEN WILL, GEHT NOCH ÜBER DIE MANGELNDE KOMMUNIKATIONSFÄHIGKEIT HINAUS. ER DEMONSTRIERT UNS, DASS ER NICHT EINMAL KLAR DENKEN KANN!
JA, GENAU!
HURRA!
SIE HABEN DEN CODE GEKNACKT!
SIE WISSEN DOCH, DASS ICH GESAGT HABE, SIE SOLLTEN ÖFTER AN MEETINGS TEILNEHMEN. DAS WAR NICHT SO GEMEINT.

2.20 Betriebliches Abschlagswesen

Ihre Mitarbeiter sprudeln über vor Ideen, die Sie sofort zu Ihren machen müssen. Sonst würden Sie nämlich wie ein Trottel dastehen, dem selbst nichts einfällt.

Obwohl die Versuchung groß ist, sollten Sie nicht mit einem Stück Ihrer Nippessammlung nach kreativen Mitarbeitern werfen, die es wagen, Ihnen einen Vorschlag zu unterbreiten. Wesentlich sinnvoller ist es, die Mitarbeiter mit einem speziellen Programm zur systematischen Ablehnung von Vorschlägen zu immer neuen kreativen Ideen anzuregen. Sie könnten dieses Aktionsprogramm »Betriebliches Vorschlagswesen« nennen, um Ihre wahren Absichten zu verschleiern. Wenn Sie den Leuten Geldprämien für ihre Ideen in Aussicht stellen, betrachten sie sich als Familienmitglieder (wenn wir davon ausgehen, daß sie aus Familien stammen, in denen die Prostitution blüht).

Dem Programm zufolge sollten alle Vorschläge bei demjenigen zusammenlaufen, der selbst auf diese Ideen hätte kommen müssen. Der Betreffende kann dem vor Ideen übersprudelnden die zugesagte Geldprämie unter einem der folgenden narrensicheren Vorwände verweigern:

1. »Ich selbst bin gestern genau auf die gleiche Idee gekommen. große Geister denken eben ähnlich!«
2. »Es würde nicht funktionieren. [Geben Sie hier irgendeinen unlogischen Grund an, der beweist, daß Sie nichts begriffen haben.] Aber vielen Dank für Ihren Vorschlag.«

OJE .. ICH RIECHE, DASS IRGEND JEMAND IM GEBÄUDE ETWAS KREATIVES AUSBRÜTET.
SCHNÜFFEL, SCHNÜFFEL.
10-14
S. Adams
ICH MUSS DEN KERL SUCHEN UND SEINE IDEE GLEICH IM KEIM ERSTICKEN.
© 1992 United Feature Syndicate, Inc.
SIEH MAL AN, DAS IST JA NEU.
EINE FALLE?
IDEENBOX

ICH HABE GERADE IHREN VORSCHLAG BEKOMMEN.
S. Adams
WIR GEHEN DAMIT WIE ÜBLICH VOR – INDEM WIR SIE, VON DUMMKÖPFEN UMGEBEN, UNTER EINE NASSE DECKE SETZEN.
10-15
© 1992 United Feature Syndicate, Inc.
WENIGSTENS TUT SICH ETWAS.
ERKLÄREN SIE UNS DOCH IHREN VORSCHLAG NOCH EINMAL.

WALLY, WAS SOLL DENN DIESE KOSTÜMIERUNG?
S. Adams © 1992 United Feature Syndicate, Inc
DER BOSS HAT MICH IN EINER SPEZIALPROJEKT-GRUPPE EINGESETZT, UM FESTZUSTELLEN, OB HUMOR DIE KREATIVITÄT STEIGERT. ICH MUSS MICH EINEN MONAT SO VERKLEIDEN.
12-10
FÜHLEN SIE SICH DENN SCHON KREATIVER?
UND OB! MIR SIND SCHON SECHSHUNDERT MÖGLICHKEITEN EINGEFALLEN, IHN UM DIE ECKE ZU BRINGEN.

IM ZUGE MEINER AKTION „MEHR HUMOR AM ARBEITSPLATZ" FORDERE ICH SIE AUF, SICH DIESES SCHILD „TRITT MICH" UMZUHÄNGEN.
SPÄTER WERDE ICH PRÜFEN, OB SIE ENTSPANNTER UND KREATIVER SIND.
SPÄTER
ALICE, SIE SCHEINEN DIE SITUATION SCHÄNDLICH AUSZUNUTZEN.

DOGBERTS SEMINAR ÜBER ZOMBIES IM MANAGEMENT
EIN ERFOLGREICHER ZOMBIE WEISS, WIE ER DIE KREATIVITÄT DER MITARBEITER AM BESTEN ABWÜRGT.
WENN SIE VON EINER NEUEN IDEE HÖREN, MUSS IHRE MIENE SOWOHL ANGST EINFLÖSSEN ALS AUCH VÖLLIGE VERSTÄNDNISLOSIGKEIT AUSDRÜCKEN.
WIESO DENN DAS?
BEI DENEN AUS DEM MARKETING GENÜGT DIE ANGST.

ICH ARBEITE ZWAR ERST SEIT HEUTE HIER, ABER ICH HABE EINE GROSSARTIGE IDEE.
ZISCH! SPRITZ! PLADDER!
DIE ERSTE IDEE IST IMMER AM SCHWERSTEN AUSZU-TREIBEN.
ABER IRGENDWANN LEGT SICH DER ZWANG, IDEEN AUSZU-BRÜTEN.

EIN HÖCHST INTERESSANTER VORSCHLAG, WALLY. ABER WARUM HABEN ANDERE FIRMEN DIE IDEE NICHT SCHON LÄNGST IN DIE TAT UMGESETZT, WENN SIE SO GUT IST?
S. Adams E-mail: SCOTTADAMS@AOL.COM
KÖNNEN SIE SICH NICHT MIT EINEM BISSCHEN PHANTASIE VORSTELLEN, DASS ICH VIELLEICHT, ABER WIRKLICH NUR VIELLEICHT, EINE GUTE IDEE HATTE, AUF DIE NOCH NIEMAND SONST GEKOMMEN IST?
7/18 © 1995 United Feature Syndicate, Inc. (NYC)
WAHRSCHEINLICH HABEN SIE DAS IN EINEM BUCH GELESEN.
VIELEN DANK FÜR IHR VERTRAUEN IN MEINE FÄHIGKEITEN.
SIE HABEN EIN BUCH GELESEN?

WALLY UND ICH HABEN EINE GROSSARTIGE IDEE FÜR EIN NEUES PRODUKT!
S. Adams E-mail: SCOTTADAMS@AOL.COM
EINGEBUNGS-ALARMSIGNAL IN KRAFT!!
NEUE IDEE! GEFAHR!
3/11/96 © 1996 United Feature Syndicate, Inc. (NYC)
BERICHTEN SIE JETZT ÜBER IHRE NEUE IDEE.
AUTOMATISCHER SCHLAGHAMMER
TUN SIE DAS.

NUR HARMLOSE UND IDIOTISCHE VORSCHLÄGE WERDEN AKZEPTIERT.
S. Adams www.unitedmedia.com
ICH HABE EIN PAAR HARMLOSE UND IDIOTISCHE ANREGUNGEN EINGEREICHT, UM ZU SEHEN, OB MEINE THEORIE ZUTRIFFT.
6/26/96 © 1996 United Feature Syndicate, Inc. (NYC)
VORSCHLAG: ALLE BLEISTIFTE NR. 2 GEGEN BLEISTIFTE NR. 4 AUSTAUSCHEN. DIE HÄRTEREN BLEISTIFTMINEN HALTEN LÄNGER UND KOSTEN AUCH NICHT MEHR.
KÖNNTE SICH BEWÄHREN.

2.21 Prioritäten setzen

Bittet einer Ihrer faulen Mitarbeiter Sie, Prioritäten zu setzen, ist das ein übler Trick. Er will sich davor drücken, das zu tun, was Sie als das Unwichtigste einstufen. Sie können dem Betreffenden bei diesem durchsichtigen Manöver einen Strich durch die Rechnung machen, indem Sie allen Aufträgen höchste Priorität einräumen. Wird irgendein Auftrag dann nicht ausgeführt, können Sie dem Mitarbeiter vorhalten, er habe nicht erledigt, was höchste Priorität gehabt hätte. So einfach ist das. Wenn der Nichtsnutz dann jammert und behauptet, die Prioritäten müßten unterschiedlich gesetzt werden, können Sie ihm den Wind aus den Segeln nehmen, indem Sie unübersehbar wütend werden. Müssen Sie Zorn heucheln, brauchen Sie bloß in die Trickkiste zu greifen. Als Mann brauchen Sie sich unter dem Schreibtisch bloß zwischen die Beine zu greifen, um Ihre Hoden zusammenzuquetschen, bis Ihr Gesicht feuerrot ist und Ihnen die Augen aus den Höhlen quellen. Als Frau brauchen Sie sich bloß vor Augen zu halten, daß Männer in solchen Situationen einfach die Hoden zusammenquetschen und dafür auch noch viel besser bezahlt werden als Sie. Das führt zu dem gleichen Ergebnis.

2.22 Mikromanagement

Wenn Ihre Mitarbeiter der Meinung sind, selbst ein Papphammer bewirke mehr als Sie, können Sie diese Fehleinschätzung mittels einer Methode namens »Mikromanagement« richtigstellen. Das Mikromanagement ist Einstellungssache, wobei Sie jedoch auch aktiv werden müssen.

Einstellung: Sagen Sie sich, daß Ihre Mitarbeiter ausnahmslos dümmer sind, als die Polizei erlaubt. Diese Nieten sind auf Ihre Hilfe angewiesen!

Aktivität: Legen Sie sich richtig ins Zeug, und greifen Sie Ihren Leuten bei jeder Lappalie hilfreich unter die Arme, ob es nun um den Zeileneinzug bei jedem neuen Absatz geht oder um komplexe Mikrochipdesignmethoden.

Bei den schriftlichen Arbeiten der Mitarbeiter zahlt sich das Mikromanagement besonders aus. Es ist ganz einfach, Unterlagen zu verbessern, die die unbegabten Mitarbeiter Ihrer Abteilung (die reinsten Analphabeten) verfaßt haben. Finden Sie wirklich keine Fehler, sind hier ein paar Upgrades, durch die Sie demonstrieren können, welch eine große Hilfe Sie Ihren Leuten sind.

Allgemeine Upgrades für jedes Dokument

1. »Ihre Punkte am Satzende sind nicht groß genug. Sehen Sie zu, daß Sie sie größer hinkriegen.«
2. »Bringen Sie die Bezeichnung ›proaktive Synergien‹ hin und wieder rein.«

3. »Sehen Sie zu, daß Sie alles auf eine Seite kriegen.«
4. »Der Buchstabe ›e‹ kommt bei Ihnen entschieden zu oft vor. Das ist unprofessionell.«

Bei Schriftstücken macht sich das Mikromanagement besonders dann bezahlt, wenn die Deadline äußerst knapp bemessen ist und es Stunden dauert, bis das Schriftstück ausgedruckt ist. In solchen Situationen schätzen Angestellte Ihre tatkräftige Hilfe ganz besonders.

Auch bei technischen Fragen kann das Mikromanagement durchaus zum Einsatz kommen. Nehmen wir zum Beispiel einmal an, Ihr Angestellter sei Diplomelektroingenieur und habe an der Stanford University studiert. Sie dagegen hätten fast an einer Feld-, Wald- und Wiesenuniversität, die kein Mensch kennt, ein Studium der Kunstgeschichte angefangen. (Dieses »fast« besagt, daß Sie zwar ernsthaft erwogen haben, sich um Aufnahme zu bemühen, daß Sie jedoch gerade keine Briefmarke zur Hand hatten.) Mit Hilfe Ihrer elitären Bildung und Ihrer messerscharfen Logik sind Sie nun imstande, Ihrem nichtswürdigen Untergebenen seine Fehler nachzuweisen und ihm klarzumachen, daß er ohne Sie nichts wäre.

In dieser Lage könnte sich der Mitarbeiter allerdings auch vehement gegen Ihre Einmischung zur Wehr setzen und Ihnen unter die Nase reiben, Sie seien mit der Materie nicht vertraut und träfen daher falsche Entscheidungen. Doch mit der Einschüchterungsmethode können Sie seine Einwände rasch vom Tisch fegen.

Mikromanagement birgt keine Risiken, solange es in Ihrer Macht steht, Unschuldigen die Schuld in die Schuhe zu schieben. Wenn Sie aufgrund Ihrer unbeschreiblichen Inkompetenz mit Ihrem Mikromanagement ein wirklich hervorragendes Projekt zu Fall bringen, sollten Sie dem nächstbesten Mitarbeiter vorhalten, daß er den Mund nicht früher aufgemacht hat.

SIE HABEN MEINE EMPFEHLUNG ALSO IGNORIERT UND EIN BILLIGES SYSTEM ANGESCHAFFT, DAS UNZULÄNGLICH IST ...
S. Adams E-mail: SCOTTADAMS@AOL.COM
UM DIESEN GROBEN FEHLER WIEDER AUSZUBÜGELN, HABEN SIE MIR DIE SACHE UNTERGEJUBELT – MIR, DESSEN AUFGABE ES IST, DAFÜR ZU SORGEN, DASS DAS SYSTEM FUNKTIONIERT ...
12/7 © 1995 United Feature Syndicate, Inc.(NYC)
SIE BEKOMMEN EINE SONDERPRÄMIE DAFÜR, DASS SIE GELD EINGESPART HABEN. ICH FLIEGE RAUS. DADURCH SPART DIE FIRMA NOCH MEHR GELD, WAS IHNEN NOCH EINE SONDERPRÄMIE EINBRINGT.
MIT MIR GEHT ES AUFWÄRTS.

GUTER BERICHT. ABER FÜGEN SIE NOCH EINEN SATZ AN, DER BESAGT, DASS MIKROMECHANISIERUNG EINE TECHNOLOGIE IST, DIE IN EINE SACKGASSE FÜHRT.
S. Adams E-Mail: SCOTTADAMS@AOL.COM
ABER DAS IST GENAU DAS GEGENTEIL VON DEM, WAS ICH SAGEN WILL! WENN ICH DAS HINZUFÜGE, FÜHRE ICH DEN BERICHT DAMIT AD ABSURDUM. ER IST SINNLOS UND NICHTS ALS ZEITVERSCHWENDUNG!
© 1995 United Feature Syndicate, Inc
MACHT NICHTS, DANN ZEIGEN WIR IHN EBEN NIEMANDEM.
SOLL DAS VIELLEICHT EINE WIN-WIN-SITUATION SEIN?
5-22

ICH HABE GERADE IHREN BERICHT ÜBER DEN DERZEITIGEN STAND DES PROJEKTS GELESEN.
S. Adams E-Mail: SCOTTADAMS@AOL.COM
SIE SCHREIBEN DA, SIE SEIEN MIT DEM PROJEKT IM RÜCKSTAND „WEGEN DER STÄNDIGEN EINMISCHUNG EINES HIRNLOSEN, SPITZHAARIGEN INDIVIDUUMS“.
5-24
© 1994 United Feature Syndicate Inc
ANSTATT „WEGEN“ SCHREIBEN SIE VIELLEICHT BESSER „GEFÖRDERT“ ODER „ERLEICHTERT DURCH“ ...

ÄNDERN SIE DIESE DATEN AB. PLANEN SIE NOCH SECHS MEETINGS EIN UND VERWENDEN SIE DEN AUSDRUCK „KUNDENORIENTIERUNG".
ACH JA, DURCH IHR MIKROMANAGEMENT HAT SICH MEIN EGO MANIFESTIERT UND FLEHT UM SEIN LEBEN.
ICH SCHRUMPFE!
HOLEN SIE MIR SCHLEUNIGST EIN PAAR PAPIERHANDTÜCHER – FÜNF STÜCK – AUS DER HERRENTOILETTE.
PENG
S. Adams E-Mail: SCOTTADAMS@AOL.COM
1-6-95

ICH HABE BESCHLOSSEN, ALS MANAGER MEHR AM OPERATIVEN TEILZUNEHMEN.
BEWEGEN SIE DIE MAUS ... NACH OBEN ... NOCH WEITER RAUF ... RÜBER ... WEITER ... UND JETZT KLICK! NUN KLICKEN SIE DOCH SCHON!
NEIN!! SIE IDIOT!!
ICH SEHE SCHON, DAS WIRD WIEDER MAL EIN LANGER TAG!
S. Adams E-mail: SCOTTADAMS@AOL.COM
5/29 © 1995 United Feature Syndicate, Inc. (NYC)

ICH DENKE, ALSO BIN ICH.
ABER ICH WERDE MIKROGEMANAGT, ALSO BIN ICH NICHT.
ICH MÖCHTE DIR EINE PHILOSOPHISCHE FRAGE STELLEN.
DU BIST NICHT ICH, ALSO BIST DU IRRELEVANT.
S. Adams E-mail: SCOTTADAMS@AOL.COM
7/31 © 1995 United Feature Syndicate, Inc. (NYC)

2.23 Dringlichkeit propagieren

Es kann vorkommen, daß in Ihrer Abteilung keine akuten Probleme vorliegen, jedenfalls nichts, was Sie als dringend einstufen würden. Wenn dieser Fall eintritt, werden die Mitarbeiter bald träge und unbeweglich. Ihre sonstige Arbeitsmoral – wie von Tieren, die sich aus ständig nachrutschendem Treibsand zu befreien suchen – geht verloren, und das wollen Sie ja schließlich nicht. Sie können Ihre Pappenheimer jedoch auch weiterhin zu ungebremster Arbeit anhalten, wenn Sie Dinge als dringlich ausgeben, die es gar nicht sind.

Auf Ihrem Schreibtisch können Sie Vorgänge, die noch ein paar Wochen Zeit hätten, hervorragend »reifen« lassen. Ist der Abgabetermin verstrichen, reichen Sie die Arbeit an irgendeinen Mitarbeiter weiter, der noch nicht ganz so gestreßt ist wie eine Katze auf Wasserskiern. Wenn Sie dem Betreffenden »den Vorgang übergeben«, müssen Sie ihn darauf hinweisen, wie sehr die Sache eilt, da der Termin ja bereits überschritten ist.

Um der Methode den letzten Schliff zu geben, könnten Sie den Mitarbeiter auffordern, Ihnen die Arbeit vorzulegen, bevor sie abgeliefert wird. Bei der Gelegenheit können Sie sie noch mal eine Woche auf Ihrem Schreibtisch liegenlassen. Diese allerletzte Woche des »Reifens« verfeinert die Sache noch weiter.

Es gibt auch noch eine andere ausgezeichnete Methode, den Mitarbeitern weiszumachen, etwas sei unaufschiebbar und müsse sofort erledigt werden. Übertreiben Sie einfach die ungeheure Kompetenz der Konkurrenz. Ihre Leute werden glauben, daß die Konkurrenz furchterregend ist, denn von fern sieht Inkompetenz entschieden besser aus als die Inkompetenz, von der man unmittelbar umgeben ist. Ganz gleich, wie dumm und unfähig die Konkurrenz auch sein mag – verglichen mit den Obertrotteln in Ihrem Unternehmen nimmt sie sich wie eine Ansammlung von Geistesgrößen aus. Für Ihre Mitarbeiter ist das ein Ansporn, mehr zu leisten, um eine Stellung bei einem Konkurrenten zu bekommen.

2.24 Freizeitlook

Wenn sich Ihre Mitarbeiter normalerweise kleiden, wie es sich fürs Büro gehört, können Sie sie motivieren, indem Sie den Freitag zum »Tag des Freizeitlooks« erklären. Für den Freizeitlook gelten laut Firmenstatuten drei Kriterien:

Definition der Freizeitkleidung

1. Kleidung, die weder professionell noch attraktiv aussieht
2. Kleidung, die niemand besitzt
3. Kleidung, die den Hintern plattquetscht

Blue Jeans, Turnschuhe und Shorts kommen nicht in Frage, weil sie bequem sind, gut aussehen und jeder welche hat.

Wie jeder erfahrene Investor weiß, sinkt der Shareholder Value, wenn die Mitarbeiter falsch gekleidet sind. Für Kunden ist so etwas wichtig.

Einkaufstip: Erkundigen Sie sich vor dem Kauf eines Computers immer erst danach, wie sich die Mitarbeiter der Herstellerfirma kleiden. Entspricht die Kleidung nicht Ihrem Geschmack, kaufen Sie bei einem anderen Hersteller!

Obwohl noch keine wissenschaftlichen Untersuchungen belegen, daß zwischen lockerer Kleidung und dem völligen wirtschaftlichen Zusammenbruch eine Verbindung besteht, sagt einem das der gesunde Menschenverstand. Freizeitkleidung führt bestenfalls zu falschen Entscheidungen. Das ist noch das kleinste Übel. Schlimmstenfalls kann es dadurch jedoch zu einer globalen Erwärmung kommen. Und daran wollen Sie doch wohl nicht schuld sein!

2.25 Konkurrenz

Wissen ist Macht, wenn es um die Konkurrenz geht. Das gesamte Wissen des Management stammt aus zwei Quellen.

Erkenntisquellen des Management

1. Abgedroschene Sprüche wie z. B. »Wissen ist Macht«
2. Logik

Abgedroschene Sprüche sind die Grundlage der Logik, die es uns ermöglicht, die Welt bis in ihre tiefsten Tiefen auszuloten. Wir wollen einmal drei abgedroschene Sprüche (d. h. unbestreitbare Fakten) unter die Lupe nehmen, um festzustellen, wohin uns Logik führt.

Unbestreitbare Fakten

- Konkurrenz belebt das Geschäft, ist also gesund.
- Wer gesund ist, dem fehlt nichts.
- Man verletzt nur Menschen, die man liebt.

Da Konkurrenz gesund ist und einem nichts fehlt, wenn man gesund ist, folgt daraus logischerweise, daß man alles hat, wenn man Konkurrenz hat. Und wenn man alles hat, kann niemand anderes etwas haben, da man ja selbst schon alles hat. Wenn also jemand etwas will, muß er Sie darum bitten.

Sie verletzen die Leute in ihrem Stolz, wenn Sie ihnen zumuten, vor Ihnen einen Kniefall zu machen und Sie anzubetteln. Da uns aber bekannt ist, daß wir nur die verletzen, die wir lieben, ergibt sich daraus mit bestechender Logik, daß die Konkurrenz bewirkt, daß wir alle Menschen lieben. Zusammenfassend kann man also die folgende logische Schlußfolgerung ziehen:

Konkurrenz = Gesundheit = Alles = Betteln = Verletzen = Liebe

Sie brauchen also eine Vielzahl von Konkurrenten, um ein Höchstmaß an Liebe zu erreichen. Lassen Ihnen die bescheuerten Unternehmen Ihrer Branche nicht genügend Wettbewerb zukommen, können Sie diesen Mangel durch interne Konkurrenz zwischen Kollegen ausgleichen. Nichts ist leichter als das. Sie brauchen bloß irgendeinem Mitarbeiter anläßlich eines Meetings einen Auftrag zu erteilen. Die gleiche Aufgabe vertrauen Sie auch noch einem anderen an, ohne zu verraten, daß Sie den Auftrag bereits vergeben haben.

(Anmerkung: Vielleicht sollten Sie schon im voraus dafür sorgen, daß man Sie für irrational und schrullig hält. Ich würde Ihnen empfehlen, einem Azubi vor Zeugen den Kopf abzubeißen.)

Wenn die beiden dann merken, was Sie angerichtet haben, ergeht an Sie die Bitte um Klärung der Zuständigkeiten. Raten Sie ihnen, das unter sich auszumachen. Blicken Sie finster drein, und lassen Sie durchblicken, daß Sie von Ihren Leuten Eigenverantwortung erwarten. Bemühen Sie sich, unnahbar und leicht verärgert zu wirken. Mit etwas Übung schaffen Sie das schon. Eine ziemlich sichere Methode ist, am Abend zuvor viel Käse zu essen. Dann setzen Sie am nächsten Tag von selbst die richtige Miene auf.

Die beiden konkurrierenden Mitarbeiter gelangen bald zu der Erkenntnis, daß ihr Gehalt davon abhängt, ob sie den anderen aus dem Feld schlagen können oder nicht. Jeder weiß, daß er die Aufgabe als erster erledigt haben muß. Sie werden anfangen, sich zu raufen wie die Berserker.

Es mag auf den ersten Blick aussehen, als würden Ihre Mitarbeiter zu frustrierten, gestreßten Herzinfarkt-Kandidaten, doch das täuscht. In Wahrheit belebt Konkurrenz das Geschäft und ist gesund. Die Leute gedeihen unter diesen Bedingungen bis hoch in die Fünfziger ausgesprochen gut. Das Beste daran ist, daß die »Sahne oben schwimmt«. Wenn die nächste Entlassungswelle ansteht, können Sie den Rahm abschöpfen. (Dazu möchte ich noch bemerken, daß viele dieser Anregungen für das Management die beste Wirkung zeigen, wenn man sie miteinander kombiniert.)

2.26 Gerüchte in die Welt setzen

Mit dem Verbreiten von Gerüchten können Sie die Mitarbeiter stark verunsichern und überaus nervös machen. Genaugenommen geraten sie in Panik, und das ist auch gut so. Wenn sie nämlich nur in Alarmbereitschaft sind, merken sie, was Sie da wieder einmal ausgeheckt haben und setzen sich zur Wehr. Wenn sie jedoch in Panik geraten, rackern sie sich ab wie Galeerensklaven und sterben an Streß und Überarbeitung, bevor sie zu Zynikern werden können. Somit wäre allen geholfen.

Ein Gerücht setzt man am besten in die Welt, indem man es abstreitet. Es ist allgemein bekannt, daß die meisten Gerüchte im Geschäftsleben wahr sind oder zumindest auf Wahrheit basieren.

Ein Körnchen Wahrheit steckt immer in ihnen. Am ehesten glaubt man Ihnen ein Gerücht, wenn Sie ein Element einstreuen, das nur jemand kennen kann, der mit der Sache vertraut ist.

Gerüchte so von der Hand weisen, daß Ihnen niemand glaubt

»Nein, wir haben nicht vor, schlechte Mitarbeiter an die medizinische Fakultät zu verkaufen, die im nächsten Kalenderjahr ab September achtzehn Probanten braucht.«

»Nein, wir tauschen Sie nicht gegen Primaten aus, die Ihre Arbeit 10,3mal schneller machen können.«

»Nein, es wird nicht erwogen, ein neues Bürogebäude auf einer früheren Giftmülldeponie zu errichten, um die Mietkosten um 23 % zu senken.«

ED, SIE NERVENBÜNDEL, VON JETZT AN ARBEITEN SIE AN EINEM SONDERAUFTRAG.
S. Adams E-Mail: SCOTTADAMS@AOL.COM
SONDERAUFTRAG? RICHTIGE ARBEIT HABEN SIE ALSO NICHT FÜR MICH.
WO DOCH JEDER WEISS, DASS EIN SONDERAUFTRAG EINEM TODESURTEIL GLEICHKOMMT.
SIE TEILEN SICH EINE BÜROZELLE MIT SECHS ANDEREN, DIE AUCH AN EINEM SONDERAUFTRAG ARBEITEN.
NUR NICHT GLEICH IN PANIK GERATEN, VIELLEICHT IST ES JA ETWAS WICHTIGES, DAS GROSSEN EINDRUCK MACHEN KÖNNTE.
© 1993 United Feature Syndicate, Inc.
IHRE AUFGABE BESTEHT DARIN, DAS EMPOWERMENT DER ANGESTELLTEN ZU VERBESSERN.
9-12
DANKE, DASS WIR DAS MITERLEBEN DURFTEN.
WIE HAT IHNEN DAS MIT DEN SECHS IN EINER BÜROZELLE GEFALLEN?

3. Kommunizieren

3.1 Mündliche Anweisungen

Wann immer Sie eine Entscheidung treffen, die Sie später vielleicht abstreiten wollen, sollten Sie nur mündliche Anweisungen geben – keinesfalls schriftliche. Sollte ein Mitarbeiter dann versuchen, sich auf Ihre Entscheidung zu berufen, sehen Sie ihn einfach an, als habe er den Verstand verloren. Wenn Sie diese Methode konsequent anwenden, verliert der Mitarbeiter tatsächlich den Verstand. So sind Sie fein raus, denn damit sind die letzten Spuren verwischt, und niemand kann Ihnen mehr etwas nachweisen. Downsizing wird dadurch zu einem Kinderspiel.

Aber diese Methode hat nicht nur Vorteile. Wenn Sie alle Ihre Mitarbeiter in den Wahnsinn treiben, kann das auch negative Folgen haben. Bedenken Sie, daß nichts umsonst ist (außer Sie bitten Ihre Sekretärin, Ihnen das Geld fürs Mittagessen auszulegen, und später »vergessen« Sie dann, ihr die Auslagen zu erstatten). Deshalb braucht es Sie nicht zu wundern, daß eine Abteilung voller Irrer auch ihre Schattenseiten hat. Gefährlich wird es, wenn harmlose Spinner zu gefährlichen Irren werden. Achten Sie auf die folgenden Anzeichen:

Woran man erkennt, daß Mitarbeiter zu gefährlichen Irren werden

- Scheint konstruktive Kritik als positiv zu werten.
- Verhält sich, als habe er Aufstiegschancen.
- Unerklärlicher Heißhunger auf Popcorn aus der Mikrowelle.
- Bedient sich in beiläufigen Gesprächen des Ausdrucks *proaktiv*.

3.2 Rundschreiben

Wenn Mitarbeiter unmotiviert sind, kann das daran liegen, daß sie zu wenige Memos haben, nach denen sie sich richten können. In solchen Rundschreiben kann das Management allen klarmachen, wo in dem Unternehmen die Prioritäten liegen.

Wählen Sie ein Mitglied Ihrer Belegschaft aus, das keine besonderen Fähigkeiten aufweist, und lassen Sie den Betreffenden Rundschreiben verfassen. Jeder Mitarbeiter wird es für eine große Ehre halten, vor aller Augen für eine Sonderaufgabe ausgewählt zu werden. Das Verfassen von Rundschreiben kann jedwedem Untergebenen zusätzlich zu seinen sonstigen Aufgaben aufgehalst werden. Daher kostet es das Unternehmen nichts. Denken Sie daran, das demjenigen klarzumachen, den Sie für diese Sonderaufgabe vorgesehen haben.

Die Mitarbeiter lamentieren oft darüber, daß die oberste Führungsriege zuwenig mit ihnen kommuniziert. Die Rundschreiben sind ein wirkungsvolles Mittel, die fehlende Kommunikation auszugleichen, ohne irgendwelche Informationen durchsickern zu lassen. Bedenken Sie, daß nichts so wenig motiviert wie die Wahrheit. Überfluten Sie die Gehirne der Mitarbeiter also lieber mit etwas anderem.

Nehmen wir einmal an, die Mitarbeiter sind krank vor Angst, weil sie Entlassungen befürchten. Da würde sich eine Rubrik für Frage und Antwort gut machen. Das könnte zum Beispiel so aussehen:

Frage: »Mir ist aufgefallen, daß die Gewinne um 70 % zurückgegangen sind. Ist mit Entlassungen zu rechnen?«

Richtige (weil motivierende) Antwort:

Antwort: »Uns liegt an unseren Mitarbeitern. Entlassungen sind das letzte, was wir wollen. Bevor wir die ins Auge fassen, loten wir erst alle anderen Möglichkeiten aus.«

Falsche (weil demotivierende) Antwort:

Antwort: »Tja!«

ICH MUSS SIE FÜR DAS RUNDSCHREIBEN DER ABTEILUNG INTERVIEWEN, UND WENN ICH DABEI VOR LANGEWEILE STERBE.
S. Adams E-mail: SCOTTADAMS@AOL.COM
ERST EIN WENIG HINTERGRUNDINFORMATION, BEVOR WIR ÜBER MEIN PROJEKT SPRECHEN ...
3/29/96 © 1996 United Feature Syndicate, Inc.(NYC)
„DAS PROJEKT IST GUT", SAGTE DER INGENIEUR.
... UND DA STECKE ICH DAMALS ALSO IM EILEITER MEINER MUTTER ...

WALLY, ICH HOFFE, SIE HABEN NICHTS DAGEGEN, IN DEM RUNDSCHREIBEN ETWAS ÜBER IHR PROJEKT ZU SAGEN ...
S. Adams E-mail: SCOTTADAMS@AOL.COM
UND WIE ES BEI DEN TECHNIKERN SEIT LANGEM TRADITION IST, RECHNE ICH DAMIT, DASS SIE MICH EWIG DARAUF WARTEN LASSEN. DAFÜR WÜRDE ICH SIE VERACHTEN.
3/21/96 © 1996 United Feature Syndicate, Inc.(NYC)
HEISST DAS ETWA, DASS SIE MICH JETZT NICHT VERACHTEN?
FÜR SOLCHE FRAGEN IST JETZT KEINE ZEIT!

LEISTUNGSBEWERTUNG
IHRE GRÖSSTE LEISTUNG WAR DAS RUNDSCHREIBEN DER ABTEILUNG, DAS SOWOHL UNINTERESSANT ALS AUCH UNWICHTIG WAR. KEINE GEHALTSERHÖHUNG.
S. Adams E-mail: SCOTTADAMS@AOL.COM
DAS RUNDSCHREIBEN WAR IHRE IDEE, UND LANGWEILIG IST ES, WEIL DIE MEISTEN ARTIKEL VON MEINEN SCHWACHSINNIGEN KOLLEGEN HANDELN.
3/30/96 © 1996 United Feature Syndicate, Inc.(NYC)
SIE SCHEINEN NICHT ZU BEGREIFEN, WIE WICHTIG TEAMWORK IST.
ICH WEISS, WAS TEAMWORK WERT IST: SIE HAT MICH GERADE EINE ZWEIPROZENTIGE GEHALTSERHÖHUNG GEKOSTET.

3.3 Abteilungsversammlungen

Kommunikation ist für die Angestellten äußerst wichtig, weil ihre Motivation sonst nachläßt. Das ist natürlich schwer vereinbar mit Ihrem Wunsch, sie im ungewissen zu lassen und ihnen ständig Arbeit aufzubürden.

Wenn Firmenrundschreiben bei Ihnen bereits üblich sind, können Sie am besten durch »Abteilungsversammlungen« für bessere Kommunikation sorgen, ohne daß Sie riskieren, Informationen weiterzuleiten.

»Abteilung« wird definiert als eine Gruppe von Leuten, die dem gleichen Vorgesetzten unterstellt sind und nur selten das Bedürfnis verspüren, sich zu unterhalten. Es ist ratsam, sie etwa 10 % ihres Berufslebens in einen Raum zu pferchen, damit sie sich mit ihrer Schaffenskraft auf die folgenden wichtigen Kernfragen konzentrieren. Wiederholen Sie die Dinge, die die Mitarbeiter schon aus anderen Quellen erfahren haben. Das bringt ihnen zwar nichts, aber Sie können auf diese Weise Ihre Führungsqualitäten demonstrieren.

Sie können sich darauf verlassen, daß zumindest ein Belegschaftsmitglied Sie zu jedem Thema mit endlosen Fragen löchert, um seinen unglaublichen analytischen Verstand unter Beweis zu stellen. Bald sind die übrigen Teilnehmer so geladen, daß sie sich nichts sehnlicher wünschen, als den lästigen Störenfried mit dem Kabel des Overheadprojektors zu erdrosseln.

Geben Sie jedem Mitarbeiter Gelegenheit, sich endlos über völlig uninteressante Dinge auszulassen, die mit dem Beruf zu tun haben. Ganz instinktiv wird jeder Mitarbeiter Akronyme und obskure Hinweise von sich geben, damit die anderen Belegschaftsmitglieder hinterher nicht schlauer sind als vorher.

Legen Sie den Leuten bloß nicht nahe, sich kurz zu fassen, nicht vom Thema abzuschweifen und nur Fragen anzuschneiden, die für alle von Interesse sind. Es geht ja schließlich um Kommunikation und nicht darum, gut informiert zu sein.

Sollte es sich ein Mitarbeiter einfallen lassen, Sie am Ende seines Monologs um Beistand zu bitten, weisen Sie das von sich, indem Sie dekretieren: »Für heute genug von diesem Thema«, was soviel besagt wie: »Wenn Sie mir damit nochmal auf den Wecker fallen, lasse ich Sie zu diesem Thema umfassende Daten erheben!«

Bitten Sie Ihre Widersacher aus anderen Abteilungen, Vorträge über Fragen zu halten, die für Ihre Untergebenen total unrelevant sind. Dadurch schlagen Sie zwei Fliegen mit einer Klappe:

1. Sie geben sich den Anschein eines Team Players.
2. Ihre Feinde müssen ihre eigentliche Arbeit liegenlassen, womit sie sich garantiert sehr schaden.

Wann immer Sie den Anschein von Teamwork erwecken und Ihre Kollegen schlecht aussehen lassen können, haben Sie gute Arbeit geleistet.

Vielleicht versuchen Ihre Untergebenen trickreich, Sie dazu zu verleiten, daß Sie über Dinge sprechen, die ihnen wichtig sind, z. B. über Gehaltserhöhungen, personelle Veränderungen oder eventuell geplante Umstrukturierungen. Lassen Sie sich bloß nicht darauf ein, sondern behaupten Sie, darüber sei Ihnen nichts bekannt. Diese Themen sind nicht gerade motivierend und sollten besser nicht angesprochen werden. Machen Sie Ihren Untergebenen in solchen Fällen klar, daß sie die Wettbewerbslage nicht vergessen dürfen. Versichern Sie ihnen, daß alles wie gewohnt läuft. Das wirkt beruhigend. Wenn Sie ein ratterndes Geräusch vernehmen, sind das die Gehirne Ihrer Mitarbeiter, die rastlos unter den Schädeldecken rotieren. Das ist ganz natürlich und kein Grund zur Besorgnis.

3.4 Präsentationen

Als Manager sind Sie schlechter über wissenswerte Dinge informiert als jeder andere im Unternehmen. Das können Sie jedoch dadurch kompensieren, daß Sie sämtliche Präsentationen übernehmen. Mit Hilfe von bunten Bildchen aus dem Computer und Tageslichtprojektoren können Sie Ihre Ahnungslosigkeit verschleiern.

Wenn Sie über Dinge sprechen, von denen Sie nichts verstehen, müssen Sie versuchen, die Präsentation auf ein paar Gebiete zu beschränken, die so sterbenslangweilig und so selbstverständlich sind, daß Ihre Zuhörer in Gedanken dabei sind, Sie in den Selbstmord zu treiben. Dadurch entgeht ihnen, daß Sie keine Ahnung haben, wovon Sie sprechen.

Um zu prüfen, ob ein Thema für eine Präsentation geeignet ist, sollten Sie es laut aussprechen und darauf achten, ob sich Ihrer

Kehle und Ihren Eingeweiden ein unfreiwilliges »wow« entringt. (Ja, bei Ihnen sitzt das Gedärm auch im Hals. Bei allen Managern.)

Gute Präsentationsanlässe

- Wir sind in einer wettbewerbsorientierten Branche. (Wow!)
- Wir planen eine Verbesserung unserer Produkte und Dienstleistungen. (Wow!)
- Mein kleines Reich braucht größere Ressourcen. (Wow!)

3.5 Außersinnliche Wahrnehmung

Steht Ihnen der Sinn nicht nach mündlichen Instruktionen, können Sie sich anderen auch mit Hilfe der Telepathie mitteilen. Bei Ihnen als Manager genügt es, zu »denken«, was Sie wollen. Sie können von Ihren Leuten erwarten, daß sie das nachvollziehen. Es gibt allerdings auch Mitarbeiter, die darüber klagen, daß sie Ihren Gedankenschwingungen nicht folgen können. Aber logischerweise ist es die Schuld der Mitarbeiter, wenn diese Ihre telepathischen Anweisungen nicht empfangen – diese Leute sind nicht auf Ihrer Wellenlänge. Halten Sie die Kommunikationsdefizite Ihrer Untergebenen fest, und kommen Sie bei der nächsten Leistungsbeurteilung darauf zurück.

3.6 Ihre Mitarbeiter haben es gut

Als Manager können Sie Löffel ebensogut mit Ihren geistigen Fähigkeiten wie mit Muskelkraft verbiegen. Mit anderen Worten – überhaupt nicht. Schließlich sind Sie Manager und kein Triathlet. Außerdem sind Löffel stabiler, als sie aussehen.

Als Manager verdienen Sie viel mehr als Ihre Untergebenen. Daher kann man mit Sicherheit davon ausgehen, daß das, was Sie tun, sehr viel schwieriger ist als das, was Ihre Mitarbeiter tun. Die versuchen vielleicht, Sie vom Gegenteil zu überzeugen, aber das ist nur ein übler Trick, um der Arbeit aus dem Weg zu gehen.

Ihre Mitarbeiter könnten Sie zum Beispiel bitten, Schriftstücke zu unterschreiben, die Sie nicht verstehen. Es gibt nur eine einzige Erklärung dafür, daß Sie nicht verstehen, worum es geht: Der Verfasser der Unterlagen hat starke Defizite in seiner Kommunikationsfähigkeit. Darauf sollten Sie unbedingt hinweisen. Kommunikation ist schließlich keine Einbahnstraße.

4. Erfolgsstrategien

4.1 Sich mit fremden Federn schmücken

Es kommt zwar nicht oft vor, aber hin und wieder haben Ihre Leute gute Ideen. Wenn das geschieht, sollten Sie die Idee zuerst weit von sich weisen und mit »logischen« Argumenten verwerfen, sie dann aber später als Ihre eigene ausgeben.

Taktik zum Verwerfen von Ideen

1. Warum machen es denn nicht alle, wenn es so eine gute Idee ist?
2. Zu spät. Alle anderen machen das schon längst.

Lassen Sie die gute Idee dann erst einmal eine Weile ruhen. So etwa eine Stunde. Rufen Sie den Mitarbeiter dann in Ihr Büro und erklären Sie ihm die Idee so detailliert, als hätte das vorausgegangene Gespräch nie stattgefunden.

Man sollte annehmen, daß der Mitarbeiter »Ihre« Idee als seine wiedererkennt und protestiert. Doch die Erfahrung lehrt uns, daß sein Zentralnervensystem einen Schock signalisiert, sobald Sie ihm »Ihre« Idee erklären. Und so kommt es zu der gewünschten Reaktion des Kaninchens, das gebannt und bewegungslos die Schlange anstarrt.

Obwohl Sie weiß Gott alles tun, um das zu verhindern, kann es vorkommen, daß Ihre Leute etwas Nützliches zustande bringen, ohne Ihnen Gelegenheit zu geben, die Sache an sich zu reißen und als Produkt der eigenen Genialität auszugeben. Wenn Sie einer solchen Gemeinheit, einem solchen Vertrauensbruch zum Opfer fallen, besteht immer noch kein Grund, in Panik zu geraten. Sie können das Verdienst auch dann noch für sich in Anspruch nehmen, wenn Sie die fertige Arbeit als Ihre ausgeben. Den Mitarbeitern gegenüber können Sie sich damit herausreden, daß Sie ihnen weismachen, die übrigen Leute in dem Unternehmen seien sehr hierarchisch strukturiert. Sie selbst wollten angeblich nur sichergehen, daß das Werk des Mitarbeiters so gewürdigt werde, wie es ihm zukomme. Ihrem Namen sollten Sie das Prädikat »Hochgeschätzter Projektleiter« beifügen. Den Mitarbeitern, die die Arbeit tatsächlich geleistet haben, sollten Titel wie »Tippse«, »Faxer« oder »Hilfskopierer« verliehen werden.

4.2 Pfuschen Sie sich nach oben

Viele Leute machen den Fehler, sich durch das Lösen schwieriger Aufgaben nach oben hangeln zu wollen. Das ist entschieden anstrengender als die Alternative, die zum gleichen Ziel führt: Verpfuschen Sie ein wichtiges Projekt.

Ihren Status als Führungskraft erlangen Sie in erster Linie dadurch, daß die Augen aller auf Sie gerichtet sind. Durch Erfolge können Sie die Aufmerksamkeit nur schwerlich auf sich lenken, weil Ihr Vorgesetzter den Ruhm stets gierig an sich reißt und für sich verbucht. Wenn Sie aber ein Riesenprojekt zunichte machen und zum Scheitern bringen, bringt sich Ihr Chef wie von Furien gehetzt in Sicherheit, damit ihm das Debakel nicht angekreidet wird. Ihr Name wird jedoch für alle Zeiten mit dem grandiosen Fiasko in Verbindung gebracht.

Es klingt ziemlich übel, mit einem gigantischen Fiasko in Verbindung gebracht zu werden, doch das täuscht. Wenn die oberste Geschäftsleitung das nächste Mal einen Projektleiter sucht, wird sie sich fragen: »Wer hat Erfahrung?« Da steht Ihr Name ganz oben auf der Liste. Alle anderen sind völlig überlastet oder gänzlich unbekannt. Da muß die Wahl ja auf Sie fallen, denn Sie wissen am besten, vor welchen Fallstricken man sich hüten muß. Glauben Sie mir, die Geschäftsleitung entscheidet sich nicht erst nach gründlicher Überprüfung für Sie, sondern ganz spontan. Die Herren sind ja vollauf damit beschäftigt, zugunsten ihrer eigenen Karriere alles nur Erdenkliche zu vermasseln.

4.3 Weiterbildung

Ihre Angestellten jammern sicher oft, daß Sie bessere Weiterbildungsmöglichkeiten brauchen. Ignorieren Sie diesen Wunsch, denn so eine Schulung führt zu nichts. Kurzfristig gesehen bleibt die Arbeit während der Schulung liegen. Langfristig gesehen bringt sie die Mitarbeiter dazu, eine andere Stelle anzutreten – mit einem Gehalt, von dem man leben kann. Niemand hat etwas davon, wenn es dazu kommt.

In erster Linie sollten Sie die Mitarbeiter mit logischen Argumenten abblocken. Versuchen Sie, den Leuten die Fortbildungskurse auszureden. Mit dem folgenden hieb- und stichfesten Argument gelingt Ihnen das bestimmt: »Was sollen denn all diese Fachseminare? Für meine Stellung habe ich keinerlei Ausbildung gebraucht.«

Doch manchmal läßt sich da auch mit Logik nichts ausrichten – vor allem dann nicht, wenn die Schwachköpfe, die den Etat verwalten, schon Gelder für Fortbildungsmaßnahmen bewilligt haben. Die

Mitarbeiter bringen diesen Fortbildungsetat garantiert zur Sprache und pochen auf ihr vermeintliches Recht, um ihren aussichtslosen Forderungen Nachdruck zu verleihen.

Da hilft nur eins: Reisen Sie. Und zwar jede Menge.

Verordnen Sie sich Geschäftsreisen in exotische Gegenden, um an »Workshops« teilzunehmen oder »Kunden aufzusuchen«. Dadurch schrumpft Ihr Gesamtbudget so sehr, daß strategisch richtige Kürzungen vorgenommen werden müssen. Ein Budget für fachliche Weiterbildung z. B. gibt es dann nicht mehr.

Ist der Fortbildungsetat so auf Null geschrumpft, sind die Mitarbeiter zwar verärgert, aber sie verfügen zumindest nicht über ausreichende Fähigkeiten, um anderweitig eine Stellung zu finden. Und das bedeutet eine Steigerung der Produktivität.

Aber auch während Sie sich damit abmühen, die Geißel der Fortbildungsmaßnahmen aus der Welt zu schaffen, sollten Sie ständig betonen: »Schulungsmaßnahmen genießen allerhöchste Priorität.« Dann halten die Leute Sie wenigstens nicht für ein ahnungsloses, sinnlos Atemluft vergeudendes Stück Mist.

4.4 Empowerment

Empowerment ist ein Vorgang, bei dem man die Verantwortung von sich auf die Mitarbeiter abwälzt. Wenn man hochbezahlten Beratern Glauben schenken will, macht das die Leute glücklich, und ihre ungerechtfertigten Forderungen nach einem Gehalt, von dem man leben kann, verstummen. Am wirkungsvollsten kann man solch ein Empowerment-Programm durchziehen, indem man die Leute auf Meetings für die Entscheidungen bestraft, die sie getroffen haben, während man sie gleichzeitig dazu ermutigt, Eigenverantwortung zu übernehmen. Schließlich sind die Mitarbeiter wie betäubt und entwickeln angesichts der Hoffnungslosigkeit ihrer Lage eine gesunde Toleranz. Hoffnungslosigkeit ist zwar etwas anderes als Glück, aber die Mitarbeiter hören auf zu jammern, und das ist doch für den Anfang schon ganz nett.

SIE HABEN GESAGT, ALLE MITARBEITER SIND EMPOWERED. WAS HABEN SIE DENN DAMIT GEMEINT?
SOLL DAS ETWA HEISSEN, DASS ICH SELBST ÜBER MEIN BUDGET BESTIMMEN UND SELBST ENTSCHEIDUNGEN TREFFEN KANN, FÜR DIE ICH NICHT ZWÖLF UNTERSCHRIFTEN BRAUCHE? ICH DARF EIN KALKULIERBARES RISIKO EINGEHEN?
NEIN, ES IST NUR EINE MÖGLICHKEIT, DEN MITARBEITERN ANZUKREIDEN, DASS SIE NICHT TUN, WAS WIR IHNEN VERBIETEN.
KEIN WUNDER, DASS SIE DAFÜR EIN NEUES WORT GEBRAUCHT HABEN.
S.Adams
12-26
© 1991 United Feature Syndicate, Inc.

ICH MUSS AN ETWAS GROSSEM ARBEITEN, DAMIT ICH HIER EINE DASEINSBERECHTIGUNG HABE.
ES DARF ABER NICHTS SO WICHTIGES SEIN, DASS ICH IN ZEITEN VON MASSENENTLASSUNGEN AUFMERKSAMKEIT ERREGE.
ES MÜSSTE ETWAS SEIN, WAS EINE MENGE KOSTET UND WAS NIEMAND BRAUCHT.
DIESES EMPOWERMENT HAT SIE RICHTIG MUNDTOT GEMACHT.
S.Adams E-mail: SCOTTADAMS@AOL.COM
4-26
© 1993 United Feature Syndicate, Inc.

ICH GEBE ZU, DASS ICH SKEPTISCH WAR, ALS SIE SAGTEN, WIR WÄREN ERMÄCHTIGT, SELBST ENTSCHEIDUNGEN ZU TREFFEN.
ABER ICH MUSS ZUGEBEN, SIE HABEN MICH TATSÄCHLICH DREI MONATE IN RUHE ARBEITEN LASSEN.
WAS HAT DENN IHR GESICHTSAUSDRUCK ZU BEDEUTEN?
BITTE BESTÄTIGEN SIE MIR, DASS DAS IN DIE PRAXIS UMGESETZTES EMPOWERMENT WAR.
HABE ICH IHNEN JE GESAGT, DASS IHR PROJEKT EINGESTELLT WORDEN IST?
S.Adams E-mail: SCOTTADAMS@AOL.COM
7/24/96 © 1996 United Feature Syndicate, Inc.

4.5 Vorurteile abbauen

Wenn Sie ein engstirniger Kleingeist sind – und das nehme ich stark an –, können Sie diese Tatsache verschleiern, indem Sie den Plan Ihres Unternehmens zur Diversifizierung unterstützen. Falls Sie schon eine Weile Manager sind und die Leute, die Ihr Ebenbild sind und auch so handeln, immer offen bevorzugt haben, können Sie den Stier bei den Hörnern packen, indem Sie die Opfer und die unbeteiligten Zuschauer in Ihrer Abteilung zwingen, an Diversifizierungskursen teilzunehmen.

Sie brauchen nicht zu befürchten, daß das ganze Gerede über Diversifizierung in Zukunft bewirkt, daß man die Menschen nicht mehr offen diskriminieren kann. Das können Sie ruhig auch weiter tun, Sie müssen dabei nur etwas anders vorgehen.

Aus folgenden Gründen dürfen Sie niemanden mehr diskriminieren:

- weil jemand eine andere Hautfarbe hat
- wegen des Geschlechts
- wegen einer Behinderung
- wegen des Alters

ICH KANN ES NICHT FASSEN, DASS WIR ZU DIESEM SENSIBILISIE-RUNGSTRAINING MÜSSEN.
S. Adams E-Mail: SCOTTADAMS@AOL.COM
WALLY, WAS IST DENN SO SCHLIMM DARAN, DASS MAN VERSUCHT, ANDERE BESSER ZU VERSTEHEN?
6-1
© 1994 United Feature Syndicate Inc.
OJE!
SETZEN SIE SICH ZU DEN ANDEREN UNTERSETZTE NWEISSEN. GLEICH GEHT'S LOS.

BEIM SENSIBILISIERUNGS-TRAINING ZUR ERWEITERUNG DES HORIZONTS LERNEN SIE, AUCH DIEJENIGEN ZU RESPEKTIEREN, DIE ANDERS SIND ALS SIE.
S. Adams E-Mail: SCOTTADAMS@AOL.COM
MAN KANN DIE MENSCHHEIT GRUNDSÄTZLICH IN VIER GRUPPEN EINTEILEN:
HÄSSLICH KLUG
SCHÖN KLUG
HÄSSLICH DUMM
SCHÖN DUMM
© 1994 United Feature Syndicate, Inc
DAS IST GANZ ANDERS, ALS ICH DACHTE.
MIR FÄLLT AUF, DASS SIE ALLE IN DIESE GRUPPE GEHÖREN.
6-2

BEI DIESER SENSIBILISIE-RUNGSÜBUNG MÜSSEN SIE DIE AUGEN SCHLIESSEN UND SICH VORSTELLEN, SIE SEIEN EINE FRAU.
S. Adams E-Mail: SCOTTADAMS@AOL.COM
DIE MENSCHEN NEHMEN MICH WAHR. SIE LÄCHELN MIR GRUNDLOS ZU UND HALTEN MIR DIE TÜR AUF.
ICH FINDE MEINE SCHLÜSSEL NICHT.
6-3
© 1994 United Feature Syndicate, Inc.
ICH WILL NIE MEHR ZURÜCK! ICH KANN NICHT, WILL NICHT.
MEINE BLUSE FÄLLT ZU BODEN ...
PAUSE! PAUSE!

4.6 Berater einsetzen

Wenn Sie ein Dummkopf sind, kommt es Ihnen vielleicht in den Sinn, Managementgurus anzuheuern, die Sie beraten.

Wenn es auch den Anschein hat, als könne man ihre Ratschläge kaum in die Tat umsetzen, ist das kein Grund zur Besorgnis. Sie können sich ja lediglich das herauspicken, was Ihnen zusagt, und immer noch auf Ihre Kosten kommen. Nehmen wir zum Beispiel einmal an, Ihr Berater rät Ihnen, Ihren Mitarbeitern einen größeren Input bei Entscheidungen zuzugestehen und die von Ihren Untergebenen entschiedenen Änderungen dann auch zu realisieren. Das würde viel Arbeit bedeuten, und Ihre Untergebenen haben im allgemeinen keine guten Ideen. Sie können den Vorschlag des Beraters aber teilweise akzeptieren (Input von seiten der Mitarbeiter) und den Rest einfach ignorieren (Änderungen vornehmen). So können Sie immerhin noch einen Nutzen aus den Ratschlägen des Mannes ziehen, ohne daß Sie das große Mühe kostet.

4.7 Umstrukturierungen

Wollen Sie den Leuten vorgaukeln, daß Sie Entscheidendes bewirken können? Wenn das so ist, sollten Sie Ihre Abteilung umorganisieren. Für den unbeteiligten Beobachter sieht so etwas nach Fortschritt aus. Die meisten – wenn nicht sogar alle – unbeteiligten Beobachter sind ziemlich unbedarft. In ihren Augen macht Sie jede noch so kleine organisatorische Veränderung schon zum Visionär.

Sie können jedes halbe Jahr alles umorganisieren, ohne daß jemand dahinterkommt, was Sie da eigentlich tun. Öfter würde ich Ihnen jedoch nicht dazu raten, das könnte leicht willkürlich wirken. Seltener aber auch nicht, sonst sieht es aus, als hätten Sie keinen Plan. Sie können ja zweimal im Jahr immer dann alles umorganisieren, wenn Sie die Uhren auf Sommer- bzw. Winterzeit umstellen, dann können Sie es sich besser merken.

(Tip: Vielleicht sollten Sie bei der Gelegenheit auch gleich die Batterien Ihres Rauchmelders zu Hause auswechseln.)

(Noch ein Tip: Wenn Sie die Uhren umstellen, dürfen Sie die Zeiger nicht immer in die gleiche Richtung bewegen. Sie müssen die Uhren mal vor- und mal zurückstellen, auch wenn Sie nicht wissen, warum.)

Umstrukturierungen sind eine glänzende Gelegenheit, die Mitarbeiter aufzufordern, ihre Habseligkeiten zusammenzuraffen und in identische Bürozellen ein paar Meter weiter umzuziehen. Garantiert beschweren sich die Mitarbeiter fluchend und tobend darüber, daß sie während ihres Umzugs nichts Produktives leisten. Ihre Aufgabe besteht nun darin, ihnen die offensichtlichen Vorteile eines solchen Umzugs zu erklären:

Vorteile des Umzugs

- In den Genuß des Lärms und der Gerüche neuer Nachbarn kommen!
- Kommunikation zwischen Kollegen verbessern, die ganz unterschiedliche Aufgaben erfüllen!
- Am Umzugstag Freizeitkleidung tragen können!
- Das Beste aber: etc.

SUSAN, ICH WILL DIE ABTEILUNG WIEDER UMORGANISIEREN. DER FINANZPLAN, AN DEM SIE SEIT MONATEN ARBEITEN, IST DAMIT HINFÄLLIG.
S.Adams E-Mail SCOTTADAMS@AOL.COM
ICH FINDE, SCHLECHTE NACHRICHTEN SOLLTEN SIE UNS GANZ ALLMÄHLICH BEIBRINGEN, UNS SCHONEND DARAUF VORBEREITEN.
3-19
© 1994 United Feature Syndicate, Inc
ACH JA, DASS ICH ES NICHT VERGESSE: SIE SIND GEFEUERT.

HAUPTVERWALTUNG
HE, CHUCK SCHAUT HEUTE SO MIESEPETRIG DREIN. WAS IST DENN LOS, BIG BOSS?
S. Adams E-mail: SCOTTADAMS@AOL.COM
JETZT RÄCHEN SICH ALL MEINE FEHLENTSCHEIDUNGEN. KÖNNEN WIR NICHT NOCHMAL UMSTRUKTURIEREN, UM MEINE SPUREN ZU VERWISCHEN?
JA, ICH HABE AUCH NOCH EINIGE LEICHEN ZU BESEITIGEN.
10/30 © 1995 United Feature Syndicate, Inc.(NYC)
DIESE ÄNDERUNGEN GESTATTEN ES UNS, UNS AUF UNSERE EIGENTLICHEN AUFGABEN ZU KONZENTRIEREN.
AHA! ICH HOLE NUR SCHNELL MEINE UMSTRUKTURIERUNGS-STIEFEL.

ICH VERSTEHE NICHT, WIE UNS DIE NEUE UMSTRUKTURIERUNG BEI DER KONZENTRATION AUF UNSER KERNGESCHÄFT HELFEN KÖNNTE.
S.Adams E-mail: SCOTTADAMS@AOL.COM
HAT SICH UNSER KERNGESCHÄFT VERÄNDERT? ODER WOLLEN SIE BEHAUPTEN, DASS JEDE UMSTRUKTURIERUNG VOR DER JETZIGEN EIN SCHLAG INS WASSER WAR?
10/31 © 1995 United Feature Syndicate, Inc.(NYC)
WALLY, WAS TUN SIE, WENN EINER DER ÄPFEL IN IHRER TÜTE FAUL IST?
WENN ICH SIE WÄRE, WÜRDE ICH DIE FAULEN ÄPFEL GANZ NACH UNTEN LEGEN.

4.8 So tun als ob

Während Ihrer Dienstzeit als Manager werden viele höchst merkwürdige Vorstandsideen wie verrückt gewordene Frettchen aus irgendwelchen Löchern kriechen und Sie bei jeder Gelegenheit anspringen und in die Beine beißen.

Abstruse, schwachsinnige Ideen

- Total Quality Management
- Reengineering
- ISO 9000

Niemand erwartet von Ihnen, daß Sie diese absurden Managementideen umsetzen. Doch Sie sollten wie ein Team Player auftreten. Das erwartet man von Ihnen. Geht es um die sogenannte Beteiligung der Mitarbeiter, können Sie sich an eine einfache Regel halten:

Wenn es auf den Kaffeetassen steht, ist es ein Programm.

Sobald das Unternehmen zum Beispiel die Aktion »Ausgezeichnete Kundenorientierung« lanciert, sollten Sie Kaffeetassen mit diesem Aufdruck bestellen und sie anläßlich des Kick-off-Meetings an sämtliche Mitarbeiter verteilen. Sie können dieses Täuschungsmanöver auch noch weiter treiben und Blöcke bestellen, bei denen dieser Slogan schon das Deckblatt ziert.

Blöcke und Kaffeetassen vermitteln den Leuten eine wichtige Botschaft. Die Botschaft lautet: »Tu so, als ob du drauf reinfällst und die Sache unterstützt – vielleicht gibt's dann noch etwas geschenkt.«

Machen Sie den unfähigsten Mitarbeiter Ihrer Abteilung ausfindig. Den ernennen Sie dann zum Leiter jedweder neuen Aktion der Geschäftsführung. Beglücken Sie den Betreffenden mit einem Titel wie z. B. »Leiter Kundenorientierung«. Das erweckt den Anschein, als zögen Sie am selben Strang, und es kommt zu keiner nennenswerten Einbuße an Produktivität – außer daß der für diese Sonderaufgabe Auserwählte den bedauernswerten anderen Mitarbeitern, die wirklich versuchen, etwas zu leisten, ständig Unmengen zusätzlicher Arbeit aufhalst.

Sind die Kaffeetassen und die Blöcke unters Volk gebracht, geht es im gleichen Sinn weiter. Das A und O jeder abstrusen Aktion des Unternehmens:

1. überflüssige Konferenzen
2. sinnlose Zwischenberichte

Beides sollten Sie häufig fordern, sonst hält man Sie noch für einen Zyniker.

Kaum wird das neue Programm verkündet, stieben Ihre Untergebenen davon wie verschreckte Eichhörnchen angesichts einer Ansammlung von Preßlufthämmern. Was auch immer sie gerade tun, sie versuchen garantiert, jede noch so blöde Arbeit als Kundenorientierung zu deklarieren. Spielen Sie das Spielchen mit, denn Sie sitzen alle im selben Boot. Verlangen Sie jedoch von Ihren Mitarbeitern allwöchentlich einen Bericht über ihre Fortschritte. Bezeichnen Sie diese Maßnahme als »Erfolgsmessung«, damit sich die Sache nicht so hanebüchen ausnimmt.

4.9 Fusionieren

Wenn Sie nicht wissen, wie Sie Ihrer Firma nutzen können, läßt sich das zuweilen durch die Fusion mit einem anderen Unternehmen vertuschen, das noch zielloser dahintreibt. Börsenanalysten gefällt es, wenn sich zwei kraftlose, ziellos dahintreibende Firmen zusammentun, um den »Synergieeffekt« zu nutzen.

Fusionen brauchen ihre Zeit, verursachen einen Riesenpresserummel, und es geht dabei um sehr viel Geld. Das alles ist Ihrer Karriere förderlich, besonders die Tatsache, daß darüber viel Zeit ins Land geht. Wenn Sie Glück haben, stolzieren Sie bereits hocherhobenen Hauptes davon, um eine neue Stelle anzutreten, bevor Ihr Nachfolger die Restbestände der fusionierten Unternehmen auf Flohmärkten und Wohnungsauflösungen los wird.

Sobald zwei Firmen fusionieren, finden sich immer Synergieeffekte. Nehmen wir einmal an, das eine Unternehmen produziert Waschmittel, das andere hingegen alkoholfreie Getränke sowie Witzzeitschriften. Der Synergieeffekt ist unausbleiblich, denn alle Kunden, die lachen, während sie Limonade trinken, müssen sich hinterher den Rotz aus den Klamotten waschen. Es handelt sich hier also um ein nicht zu unterschätzendes Marktsegment.

Weitere Beispiele für den Synergieeffekt:

Unternehmen 1	Unternehmen 2	Konglomerat
BMW (Straßenfahrzeuge)	Faber Castell (Bleistifte)	Bayerische Faberwerke (Straßenstrich)
Vatikan (Heiligsprechungen)	Osram (Glühbirnen)	Vatikos (Heiligenscheine)
Deutsche Bank (Kredite)	Ültje (Knabbereien)	Dültje (Peanuts)
Telekom (Kommunikation)	Beate Uhse (Sexartikel)	Teleuhse (Telefonsex)

5. Vergütung

5.1 Vergütungsprogramme

Mit Hilfe des Gehaltsgefüges lassen sich die Gehälter bestens drücken. Ihre herumwieselnden Mitarbeiter versuchen vielleicht, das System zu unterwandern, um mehr Geld herauszuschinden. Dabei ist ihnen jede Masche recht, sogar Höchstleistungen und wirklich bedeutende Errungenschaften. Sie können jedoch jeden Vorstoß in diese Richtung abblocken, indem Sie auf ihre Bitten um Gehaltserhöhung folgendermaßen antworten:

Mitarbeiter	Manager
Ich habe Außergewöhnliches geleistet und bitte um Gehaltserhöhung.	Aber Ihr Gehalt ist branchenüblich. Und jetzt gehen Sie, bitte.
Mein Gehalt liegt unterhalb dessen, was branchenüblich ist. Ich bitte um Gehaltserhöhung.	Aber Sie haben nichts geleistet. Und jetzt gehen Sie, bitte.
Ich habe Außergewöhnliches geleistet und bekomme nicht einmal das in dieser Branche übliche Durchschnittsgehalt. Ich bitte daher um Gehaltserhöhung.	Aber die Firma steckt in Schwierigkeiten. Und jetzt gehen Sie, bitte.
Ich habe Außergewöhnliches geleistet, bekomme nicht einmal das in dieser Branche übliche Durchschnittsgehalt, und die Firma hat Rekordgewinne zu verzeichnen. Ich bitte daher um Gehaltserhöhung.	Was halten Sie davon, Teamleiter zu werden?

DIE FIRMA HAT HEUTE EINEN NEUEN ENTLOHNUNGSMODUS ANGEKÜNDIGT. NUR DIE OBERSTEN 10% DER BESCHÄFTIGTEN ERHALTEN GRATIFIKATIONEN.
S. Adams E-mail: SCOTTADAMS@AOL.COM
DAZU WÄRE NOCH ZU SAGEN, DASS 89 % DER MITARBEITER VERBITTERT GEKÜNDIGT HABEN. DIE 10% SPITZENKRÄFTE SIND EBENFALLS IN DER GEWISSHEIT AUSGESCHIEDEN, ANDERWEITIG EINE BESSER DOTIERTE STELLUNG ZU BEKOMMEN.
1/22/96 © 1996 United Feature Syndicate, Inc.(NYC)
ES KÖNNTE SEIN, DASS DAS AUSWIRKUNGEN AUF DIE VERBLIEBENEN HAT.
BEKOMMEN WIR JETZT DIE GRATIFIKATIONEN?

ICH HABE IHNEN JA GESAGT, DASS DIESES PROJEKT EIN JAHR IN ANSPRUCH NIMMT. TROTZ MEINER EINWÄNDE LÄSST MIR DIE ZIELVEREINBARUNG NUR DREI MONATE ZEIT DAFÜR.
S. Adams E-mail: SCOTTADAMS@AOL.COM
WELCHER VON DEN FOLGENDEN DREI GRÜNDEN TRIFFT AM EHESTEN ZU?
A: SIE HABEN VOLLSTES VERTRAUEN ZU MIR.
B: SIE GLAUBEN, ICH HÄTTE MIR EINE GROSSZÜGIGE FRIST EINGERÄUMT.
C: SIE KÖNNEN MICH NICHT AUSSTEHEN.
2/8/96 © 1996 United Feature Syndicate, Inc.(NYC)
GENAUGENOMMEN INTERESSIERT IHR PROJEKT NICHT. WIR WOLLEN DADURCH NUR GEHALTSERHÖHUNGEN VERHINDERN.
GERADE HABE ICH GESPÜRT, WIE MEINE MOTIVATION EIN QUENTCHEN NACHLÄSST.

WALLY, ICH HABE BESCHLOSSEN, DIE FRIST FÜR IHR PROJEKT UM EINEN MONAT ZU VERLÄNGERN.
S. Adams E-mail: SCOTTADAMS@AOL.COM
IMMER WENN ES AUSSIEHT, ALS WÄRE ICH DICHT VOR DEM ZIEL, VERLÄNGERN SIE DIE FRIST. WAS HEISST DAS DENN FÜR MEINE LEISTUNGEN?
2/9/96 © 1996 United Feature Syndicate, Inc.(NYC)
DAS HEISST, DASS ICH BEI MEINEN ZIELSETZUNGEN BESSER BIN ALS SIE BEIM ERREICHEN DIESER ZIELE.

5.2 Gratifikationsgrenzen festlegen

Sie können eine höhere Gratifikation einstreichen, indem Sie es Ihren Mitarbeitern unmöglich machen, selbst Gratifikationen zu bekommen. Das nennt sich gute Finanzplanung und macht sich auf jeden Fall bezahlt. Zwei Methoden sind da am wirksamsten:

1. Machen Sie Mitarbeitergratifikationen von Zielen abhängig, die in so weiter Ferne liegen, daß die Erde eher von einem entarteten Asteroiden unbewohnbar gemacht wird.
2. Machen Sie die Prämien von Zielen abhängig, die Sie schon allein dadurch vereiteln können, daß Sie Ihrer Karriere zuliebe gigantische Projekte vermasseln.

Die meisten Mitarbeiter durchschauen diese List. Sie sind verbittert und erbost. Wenn Sie Glück haben, kündigen einige. Dadurch spart die Firma Geld, was sich wiederum positiv auf Ihre Gratifikation auswirkt.

5.3 Warum Sie so ein hohes Gehalt beziehen

Sie haben ein Anrecht auf mehr Geld als die Mitarbeiter, die nicht zum Management gehören. Schließlich tragen Sie ja auch ein weit größeres Risiko. Das sind die Grundprinzipien der Wirtschaft, wenn das auch so mancher nicht zu begreifen scheint.

Was Manager riskieren

1. Sie riskieren, als Hohlköpfe geoutet zu werden.
2. Sie riskieren, beim Golfspielen vom Blitz getroffen zu werden.
3. Sie riskieren, daß ihnen im Ernstfall niemand erste Hilfe leistet.
4. Sie riskieren Begegnungen mit anderen Managern.

Um diese erschreckend hohen Risiken wieder auszubügeln, haben Manager ein Anrecht auf geradezu obszön hohe Gehälter. »Obszön« ist nicht etwa so gemeint, daß die Personen auf den Geldscheinen keine Hosen tragen – was sie in der Tat nicht tun –, mit »obszön« will ich in diesem Fall nur ausdrücken, daß es um enorm viel Geld geht. Obszön ist also im Sinne von schändlich zu verstehen. Die Mitarbeiter, die nicht zum Management gehören, verdienen dagegen weniger, weil sie nicht so viel riskieren.

Die kaum nennenswerten Risiken der unteren Chargen

1. Verlust der armseligen Schutzbehausung, die man »Heim« oder »Dach über dem Kopf« nennt
2. Verhungern

Die Mitarbeiter der unteren Ebenen besitzen naturgemäß von vornherein so wenig, daß sich ihre Risiken in Grenzen halten. Wenn sie also lautstark klagen, daß die Manager soviel mehr verdienen als sie, brauchen Sie ihnen nur vor Augen zu halten, daß das durchaus gerechtfertigt ist, weil Manager entschieden mehr riskieren. Sobald sie diese Logik nachvollziehen, werden sie klein beigeben.

6. Mitarbeiter loswerden

6.1 Downsizing (Gesundschrumpfen)

Regierungen sind nicht die einzigen, die Geld drucken. Das können Sie auch, und zwar mit Hilfe einer Methode, die sich »Downsizing« nennt.

Sie bezeichnen Ihre Mitarbeiter wahrscheinlich als »wertvollstes Kapital« des Unternehmens, und das aus gutem Grund. Wann immer Sie nämlich einen loswerden, steigen die Gewinne, was sich auch positiv auf Ihre Aktienoption und Ihre Gratifikation auswirkt. Es ist fast, als druckten Sie das Geld selbst.

Die noch verbleibenden Mitarbeiter kriegen Neurosen, sind verbittert und völlig überarbeitet. Erstaunlicherweise hat das jedoch keinerlei Auswirkung auf Sie. Vielleicht reagieren sie dadurch sogar ein wenig empfänglicher auf Ihre Forderung, Zwischenberichte abzuliefern.

ICH BRAUCHE EINEN OBJEKTIVEN BERATER WIE SIE, DER UNS BEI DEN ENTLASSUNGEN ZUR HAND GEHT.
ICH MÖCHTE VOR ALLEM, DASS SICH DER DAMIT VERBUNDENE SCHMERZ UND DIE HÄRTE IN GRENZEN HALTEN.
MIT GROSSZÜGIGEN ABFINDUNGEN?
NEIN, ICH FÜRCHTE, DAS WÜRDE MEINEN SCHMERZ UND DEN LEIDENSDRUCK NUR NOCH VERSCHLIMMERN.

MEIN BERATER HAT MIR GERATEN, DIE ENTLAS-SUNGEN GANZ DIREKT UND PROFESSIONELL AUSZUSPRECHEN.
ICH WERDE MICH ALSO DEN GANZEN TAG AN DIE LEUTE RANSCHLEICHEN UND IHNEN „ENTLASSEN" AUF DEN RÜCKEN STEMPELN.
MAL SEHEN, OB ICH DAS RICHTIG VER-STANDEN HABE …
HE, IST DAS NICHT DER GOODYEAR-ZEPPELIN?

ALLE MITARBEITER MÜSSEN DIESES FORMULAR AUSFÜLLEN.
MITARBEITERWAHL ZUR NICHTANFECHTUNG DER GEGENTEILIGEN AKTION, DEN UMGEKEHRTEN TREND ZU MINDERN, DAS BESCHÄFTIGUNGSVERHÄLTNIS MIT DEM UNTERNEHMEN NICHT AUFZULÖSEN.
SIE VERSUCHEN, UNS MIT TRICKS DAZU ZU BRINGEN, DASS WIR GEHEN, STIMMT'S?
SCHREIBEN SIE MIT TINTE.

6.2 Die Leute zum Kündigen bewegen

Es macht keinen Spaß, jemanden vor die Tür zu setzen – es sei denn, Sie haben selber einen schlechten Tag. Es kann jedoch sehr unterhaltsam sein, die Mitarbeiter so lange zu quälen, bis sie aus eigenem Antrieb kündigen. Das ist auch sehr ökonomisch. Bei Entlassungen bzw. Kündigungen können Sie Geld sparen, indem Sie so widerwärtig sind, daß die Leute fluchtartig verschwinden, ohne beim Ausscheiden auf einer Abfindung zu bestehen. Mit den folgenden Methoden bringen Sie die Leute dazu zu kündigen.

Womit man Mitarbeiter vergrault

- Betriebsversammlungen
- Teamwork
- Ihr Charakter

Wenn all das noch nicht genügt, um die Leute aus dem Haus zu treiben, müssen Sie es vielleicht anders anfangen und ihnen die positiven Seiten der Arbeitslosigkeit in den leuchtendsten Farben schildern. Betonen Sie immer wieder, daß einige der glücklichsten Menschen auf der Welt ohne Arbeit auskommen und daß das doch kein Zufall sein kann.

Glückliche Arbeitslose

- Kinder
- Milliardäre im Ruhestand
- Tote im Himmel
- Obdachlose, die ihre Habseligkeiten in Einkaufswagen durch die Gegend karren

Obdachlose mit ihren Einkaufswagen sind vielleicht nicht so einleuchtend wie die übrigen Beispiele. Aber überlegen Sie doch mal: Die können so tun, als kauften sie den lieben langen Tag ein, ohne daß sie jemand fragt, ob sie eine Verlängerung der Garantiezeit wünschen. Das würde viele Menschen glücklich machen.

SCHLECHTE NACHRICHT 1985
ANSTELLE DES BISHERIGEN BETRIEBSARZTES STELLEN WIR JETZT EINE KRANKENSCHWESTER EIN.
SCHLECHTE NACHRICHT 1990
WIR HABEN DIE KRANKENSCHWESTER RAUSGESCHMISSEN. ASPIRIN UND HERZSCHRITTMACHER GIBT'S JETZT IM AUTOMATEN.
SCHLECHTE NACHRICHT 1995
WIR SIND ANGEHALTEN, DIE EINKÜNFTE AUS DEN AUTOMATEN UM 15% ZU ERHÖHEN.
S. Adams E-mail: SCOTTADAMS@AOL.COM
4-29 © 1995 United Feature Syndicate, Inc. (NYC)

DAS IST DER REVIDIERTE STANDARDARBEITSVERTRAG. UNTERSCHREIBEN SIE IHN ODER SIE SIND GEFEUERT.
VERTRAG ZWISCHEN DEM UNTERNEHMEN (NACHSTEHEND GENANNT „DAS EINZIGE UNTERNEHMEN, DAS SIE JE EINSTELLEN WÜRDE") UND IHNEN (NACHSTEHEND „SCHWACHKOPF" GENANNT).
KLINGT IRGENDWIE VOREINGENOMMEN.
UNSERE ANWÄLTE SIND AUF UNS LOSGEGANGEN. HÖCHSTWAHRSCHEINLICH TOLLWUT.
S. Adams E-mail SCOTTADAMS@AOL.COM
2/15/96 © 1996 United Feature Syndicate, Inc.(NYC)

6.3 Zahl der Mitarbeiter

Die Personalfluktuation kann zur Gesundung des Unternehmens beitragen. Man wird dadurch hochbezahlte unzufriedene Arbeitskräfte los und infiltriert die Firma mit einer gesunden Dosis ungelernter Mitarbeiter, die man zu einem Spottpreis haben kann. Einen Mangel an Mitarbeitern können Sie immer dadurch ausgleichen, daß Sie den verbliebenen mehr Arbeit aufhalsen. Dem sind praktisch keine Grenzen gesetzt. Ist Ihnen an einer dauerhaften Fluktuation gelegen, brauchen Sie das Arbeitsumfeld nur dermaßen zu verschlechtern, daß sich das klägliche Programm zum Vorruhestand dagegen vergleichsweise großartig ausnimmt. Wie bei allen zwielichtigen Vorhaben sollten Sie die Aktion mit einem beschönigenden Namen wie »Wettbewerb 2000« oder dergleichen schmücken.

HAUPTVERWALTUNG

WEISS JEMAND, WIE WIR DIE MITARBEITER AM BESTEN LOSWERDEN?

ALSO – DIE SIND SCHLECHT IM RECHNEN. WIR KÖNNTEN LEUTEN, DIE AUS FREIEN STÜCKEN GEHEN, LÄCHERLICH NIEDRIGE GELDBETRÄGE BIETEN.

HE, DAS HÖRT SICH WIRKLICH GUT AN.

ICH HABE SCHON EWIG NICHT MEHR DEN COSINUS VON ETWAS BERECHNET.

ICH LIEBE ES, DIESE ZEITARBEITSKRÄFTE EINZUSTELLEN.

KEINE SOZIALLEISTUNGEN, KEINE GEWERKSCHAFT, UND WENN MAN KEINE VERWENDUNG MEHR FÜR SIE HAT, WIRFT MAN SIE EINFACH IN DEN MÜLLCONTAINER.

DER MÜLLCONTAINER IST VIELLEICHT DOCH NICHT GANZ DAS RICHTIGE.

FÜR DAS KLO SIND SIE ZU SPERRIG.

7. Wie man als Manager glücklich wird

7.1 Geld allein macht nicht glücklich

Geld allein macht Sie als Manager noch nicht glücklich. Sie brauchen auch Aktienoptionen, Parkplätze, kostenlose Arbeitsessen und die Möglichkeit, Ihre Untergebenen zu quälen.

Als Manager erleben Sie den Rausch der Macht und genießen ein Prestige, das Sie in den Augen des anderen Geschlechts anziehender macht (wenn wir davon ausgehen, daß Ihre sexuellen Vorlieben mit dem anderen Geschlecht zu tun haben). Ihr Prestige kann Sie auch für die eigenen Geschlechtsgenossen attraktiver machen (für den Fall, daß Sie das vorziehen) oder auch für die verschiedensten batteriebetriebenen oder aufblasbaren Hilfsmittel (nur für den Fall, daß Sie auf lebendige Menschen nicht besonders scharf sind).

Ihre euphorischen Erfahrungen als Manager lassen sich noch steigern, wenn Sie die Kluft, die zwischen Ihnen und Ihren Mitarbeitern klafft, vergrößern. Dazu gibt es zwei verschiedene Möglichkeiten.

Vergrößerung der Kluft Manager – Mitarbeiter
1. Schieben Sie noch mehr Kohle ein, dann stehen Sie noch besser da.
2. Demütigen Sie Ihre Leute, und machen Sie sie noch kleiner, als sie ohnehin schon sind.

Wieviel Geld Sie erbeuten können, hängt ganz davon ab, wieviel das Unternehmen abwirft. Glücklicherweise können Sie Ihre Mitarbeiter demütigen, soviel Sie wollen. Dem sind praktisch keine Grenzen gesetzt. Reißen Sie sich allmählich die freiwilligen Sonder- und Sozialleistungen Ihrer Mitarbeiter unter den Nagel, nachdem Sie sie nach und nach gekürzt haben – bis Ihren Untergebenen nichts mehr bleibt als ihre Menschenwürde. Danach beginnen Sie damit, ihnen auch diese zu nehmen. Natürlich können Sie nicht erwarten, alles auf einmal zu bekommen. Am besten betrachten Sie dieses Vorhaben als langfristiges Projekt. Ich würde Ihnen raten, nach dem Zwölfstufenprogramm zur Demütigung der Mitarbeiter vorzugehen. Begonnen wird dabei mit den wichtigsten Statussymbolen, später geht es dann um subtilere Dinge.

Zwölfstufenprogramm zur Demütigung der Mitarbeiter

1. Minderung der durchschnittlichen Gehaltserhöhung.
2. Keine internen Beförderungen mehr.
3. Keine Arbeitsplatzgarantie mehr.
4. Die vermögenswirksamen Leistungen werden gestrichen.
5. Der Etat für Schulungen und Dienstreisen wird gekürzt.
6. Krankheitstage werden mit Urlaubstagen verrechnet. Nennen Sie das »Zeitkonto«.
7. Verkleinerung der Bürozellen.
8. Kein Wandschmuck mehr am Arbeitsplatz.
9. Kein Popcorn mehr aus der Mikrowelle.
10. Surfen im Internet wird ständig überwacht.
11. Der »Mitarbeiter des Monats« wird gekürt.
12. Die Köpfe der Mitarbeiter werden kahlgeschoren.

Obwohl die Mitarbeiter wahrlich nicht allzu helle sind, dürfte ihnen spätestens nach dem 9. Programmpunkt aufgehen, daß sich da ein Trend anbahnt. Ihre wahren Absichten können Sie vertuschen, indem Sie den Leuten etwas zugestehen, das sie bis zu einem gewissen Grad für ihre Einbußen entschädigt. Sie können ihnen zum Beispiel gestatten, einen Arbeitstag pro Woche leger gekleidet zu erscheinen. Nennen Sie diesen Tag den »Tag des Freizeitlooks«. Damit haben Sie Ihr vornehmliches Ziel erreicht, die Mitarbeiter herabzusetzen, doch für die sieht es aus, als täten Sie ihnen einen Gefallen.

7.2 Anti-Jammer-Strategien

Nichts stellt Ihr glückliches Managerdasein derart in Frage wie der nicht endende Strom quengelnder Mitarbeiter, die nichts unversucht lassen, um Ihnen das Leben zu vergällen. Sie haben zwei Möglichkeiten, dagegen anzugehen: Sie können Ihre Mitarbeiter einfach ignorieren oder sie bestrafen. Aber genaugenommen ist nur eine dieser Möglichkeiten von hohem Unterhaltungswert. Daher dürfte Ihnen die Wahl nicht schwerfallen, wenn Sie neckisch und verspielt sind. Gehen Sie bei der Bestrafung Ihrer Jammerlappen nach einer der folgenden Methoden vor:

Bestrafung der Jammerlappen

1. Fordern Sie den Jammernden auf, das Problem in seiner »Freizeit« zu »lösen«, ohne daß dadurch »Kosten entstehen«.
2. Stecken Sie den Jammernden in eine Projektgruppe zu anderen Leuten, die noch mehr jammern als er.
3. Ernennen Sie den Jammernden zum Vorsitzenden des Arbeitsmoral-Ausschusses.

Mit der Zeit fällt es Ihnen leichter, das Wehgeheul der Mitarbeiter zu überhören. Vielleicht empfinden Sie nach einer Weile sogar Freude daran – so wie Sie das Grillengezirpe an einem Sommerabend entzückt. Allerdings sind Ihre Mitarbeiter viel größer und häßlicher, und Sie würden sie nach Einbruch der Dunkelheit nicht auf Ihrem Grundstück haben wollen.

7.3 Die Moralfalle

Irgendwann wird Ihnen klar, daß es dumm ist, Ihre Mitarbeiter glücklich machen zu wollen. Es gibt so viele Mitarbeiter, und jeder möchte etwas anderes. Wenn Sie sich erst einmal das irrwitzige Ziel aus dem Kopf geschlagen haben, die Arbeitsmoral der Mitarbeiter zu erhöhen, werden Sie bald Freude an Ihrer Arbeit haben. Nutzen Sie jede Gelegenheit, auf Kosten des Ihnen unterstellten, unablässig murrenden Menschenmaterials dafür zu sorgen, daß *Sie* glücklich sind.

HIER IST MEIN BERICHT. ER GEHÖRT ZU MEINEN BESTEN ARBEITEN.
SCHSCHSCHSCH.
ICH HASSE DIESEN TRAGBAREN REISSWOLF!
SAGEN SIE, IST IHRE KRAWATTE AUS SEIDE?

ICH VERKÜNDE VOLLER STOLZ, DASS DAS UNTERNEHMEN NOCH EINE METHODE ZUR ENTMENSCHLICHUNG DER MITARBEITER GEFUNDEN HAT.
VON JETZT AN MÜSSEN SIE BEI DER ARBEIT NAMENSSCHILDCHEN TRAGEN. ZUM ZEICHEN DAFÜR, DASS LEUTE, DIE WIE SIE AUSSEHEN, OFT VERBRECHER SIND.
ACH JA, DIE KANTINE IST GESCHLOSSEN. WIR HABEN ABER VIEHFUTTER IM PAUSENRAUM VERSTREUT.

ZWECKS STÄRKUNG DES TEAMGEISTES HABE ICH BESCHLOSSEN, DASS SIE EINMAL PRO WOCHE GEMEINSAM ZU MITTAG ESSEN WERDEN.
ICH SELBST BIN DABEI NICHT ZUGEGEN, DAS WÜRDE MICH ZUVIEL FREIZEIT KOSTEN.
AUSSERDEM IST ES MEINE AUFGABE, ZU MOTIVIEREN. IM MORAST DER LEIDIGEN DETAILS BRAUCHE ICH NICHT ZU VERSINKEN.

DIE TEUERUNG ZEHRT AN IHNEN UND FRISST SIE ALLMÄHLICH AUF, UND SIE HABEN KEINE AUSSICHT AUF BEFÖRDERUNG.
S. Adams E-Mail: SCOTTADAMS@AOL.COM
UND SOLANGE DIE ANDEREN UNTERNEHMEN AUCH LEUTE ENTLASSEN, SIND SIE MACHTLOS. ICH KOMME IMMER UNGESCHOREN DAVON.
6-4
© 1994 United Feature Syndicate, Inc
ICH WÜNSCHE MIR DIE ACHTZIGER ZURÜCK.
TUT DAS WEH?

DAS UNTERNEHMEN IST ZUTIEFST BESORGT ÜBER DIE AUSWIRKUNGEN VON STRESS UND ÜBERSTUNDEN AUF DIE ARBEITNEHMER.
S. Adams E-Mail: SCOTTADAMS@AOL.COM
DESHALB ZAHLT DAS UNTERNEHMEN EINEM FACHMANN FÜR STRESS-MINDERUNG 1000.- DM DAFÜR, DASS ER BEIM MITTAGESSEN EINE REDE HÄLT.
6-14
© 1994 United Feature Syndicate, Inc.
IMMER WENN MAN GLAUBT, DENEN IST ALLES EGAL, PASSIERT SO WAS.
DIE REDE DES FACHMANNS WAR FÜR DIENSTAG LETZTER WOCHE ANGESETZT.

DAS UNTERNEHMEN HAT IN DIESEM QUARTAL WIEDER NIEDRIGERE GEWINNE ZU VERZEICHNEN.
IST JA SCHRECK-LICH.
S. Adams E-Mail: SCOTTADAMS@AOL.COM
AB MORGEN MÜSSEN SIE IHRE STIFTE SELBST MITBRINGEN.
IST JA SCHRECK-LICH.
8-10
© 1994 United Feature Syndicate, Inc
UM SIE DRAUSSEN AUF DER STRASSE ZU VERKAUFEN.
IST JA SCHRECK-LICH.

7.4 Umgang mit schlechten Mitarbeitern

Es gibt zwei Arten von Mitarbeitern – gute und schlechte. Schlechte Mitarbeiter mogeln sich durch den Arbeitstag. Von ihnen sind keine signifikanten Neuerungen zu erwarten. Sie stellen nichts in Frage, sie überarbeiten sich nicht. Nichts, was sie tun, hat eine große Wirkung. Sie sind im allgemeinen harmlos.

Die sogenannten guten Mitarbeiter sind viel gefährlicher. Ständig kommen sie mit Änderungen und Neuerungen. Sie zweifeln den Status quo an und scheuen auch große geschäftliche Risiken nicht.

Es versteht sich von selbst, daß Sie diese Mitarbeiter schleunigst loswerden müssen, weil Sie sonst keine frohe Minute mehr haben. Vielleicht müssen Sie sie dafür bezahlen, daß sie gehen. Gehen Sie dabei nach dem Personalabbauprogramm vor. Das Programm sieht vor, daß Mitarbeiter, die freiwillig ausscheiden, großzügige Barabfindungen erhalten.

Nach einer solchen Personalfreisetzung mit Abfindung bleiben nur noch schlechte Mitarbeiter übrig. Die sind überglücklich, daß sie Arbeit haben. Und somit ist allen geholfen.

7.5 Sekretärinnen

Manchmal sind Ihre Untergebenen nicht in Reichweite, wenn Ihnen nach Machtmißbrauch zumute ist. Deshalb haben Sie eine Sekretärin.

Nicht alle Sekretärinnen kommen schon verbittert und rachsüchtig auf die Welt. Sie müssen sie schon in die Mangel nehmen, damit sie so werden. Aber es lohnt sich, denn wenn Ihre Sekretärin erst einmal zu einer Gift und Galle spuckenden zweiköpfigen Megäre geworden ist, haben Sie Ihre Ruhe vor den anderen Mitarbeitern. Das verschafft Ihnen Mußestunden.

Sich seine Sekretärin zum Drachen erziehen

Privatgespräche: Sekretärinnen sollte man dazu bringen, zahllose Privatgespräche mit Freunden und Liebhabern zu führen. Das garantiert einen ständigen Schwall tragischer, beunruhigender

Neuigkeiten, die dafür sorgen, daß Ihre Sekretärin stets boshaft und gereizt ist. Sie können zwar versuchen, auch im Büro für beunruhigende Geschehnisse zu sorgen, aber die berühren eine Sekretärin nur am Rande. Lassen Sie sie lieber zu Hause anrufen, dann kommt es gleich knüppeldick.

Handlangerdienste: Es ist Ihre Aufgabe, ständig nach sinnlosen und entwürdigenden Sklavenarbeiten zu suchen. Arbeiten, die so minderwertig sind, daß sich doppelseitiges Fotokopieren dagegen wie eine Organtransplantation ausnimmt. So könnten Sie Ihre Sekretärin zum Beispiel bitten, das, was beim Bleistiftspitzen anfällt, in kleine, mittlere und große Späne zu sortieren. Sie könnten auch direkt vor dem Faxgerät stehen und die Sekretärin auffordern, ein Fax für Sie durchzugeben. Dazu sollten Sie bemerken: »Sie können das viel besser.« Das schlägt dem Faß den Boden aus.

Sich herablassend und gönnerhaft verhalten: Sie können Ihre Sekretärin so richtig schön demütigen, wenn Sie sie in Gegenwart anderer als Ihren »Boß« bezeichnen.

Klagen über Ihr Gehalt: Nichts erbost Ihre hoffnungslos unterbezahlte Sekretärin mehr, als sich ständig Ihr Gejammer über Ihre finanzielle Notlage anhören zu müssen. Wenn Sie nicht wollen, daß Ihre Sekretärin Sie für gefühllos hält, müssen Sie durch die Blume sprechen. In etwa so: »Mein Gott, haben Sie eine Ahnung, wieviel Mercedes-Benz einem für Lammfellsitzbezüge abknöpft?«

Gedächtnisschwund beim Chef: Fordern Sie Ihre Sekretärin mindestens einmal pro Tag zu etwas Schwachsinnigem auf, und tun Sie dann später so, als seien Sie erstaunt und enttäuscht darüber. Wenn die Sekretärin Sie darauf hinweist, daß Sie es ausdrücklich angeordnet haben, sollten Sie mit einem drohenden Unterton etwas von »unbotmäßigem Verhalten« sagen.

Das »Mehrere-Chefs«-Syndrom: **Teilen Sie sich die Sekretärin mit einem anderen Manager, der ebenfalls erwartet, daß sie ihm ständig zur Verfügung steht. Die Krönung des Ganzen wäre, wenn Sie Ihre Sekretärin von einem leitenden Angestellten beaufsichtigen lassen könnten, der noch psychotischer und verbitterter ist als Sie. Die widersprüchlichen Wünsche der verschiedenen Chefs treiben jede normale Sekretärin fast in den Selbstmord, und sicher überlegt sie oft, wie lange sie sich noch beherrschen kann, ohne einen Mord zu begehen. Genau da wollen Sie sie haben.**

TAG, SIE MÜSSEN DER NEUE SEKRETÄR SEIN.
NUN – JA UND NEIN ...
WAHR IST, DASS ICH VORÜBERGEHEND DAFÜR BEZAHLT WERDE, DASS ICH DIE PFLICHTEN EINES SEKRETÄRS ÜBERNEHME. ANSONSTEN BIN ICH AUTOR, JAZZPIANIST UND THESPISJÜNGER. AUSSERDEM HABE ICH IN PSYCHOLOGIE PROMOVIERT.
DAS HÖRT SICH NACH EINER IDENTITÄTSKRISE AN.
GOURMETKÜCHENCHEF BIN ICH AUCH NOCH.
© 1990 United Feature Syndicate, Inc.

DILBERT, ICH ÜBERTRAGE IHNEN DIE AUFSICHT ÜBER DEN SEKRETÄR DER ABTEILUNG.
SEHEN SIE ZU, DASS ER NICHT MEHR SO VIELE PRIVATGESPRÄCHE FÜHRT.
... SIE SOLLTEN WENIGSTENS EIN BISSCHEN ZURÜCKHALTENDER SEIN. ZUM BEISPIEL NICHT DIE TRACHT DER LÄNDER TRAGEN, IN DENEN SIE ANRUFEN.
© 1990 United Feature Syndicate, Inc.

ALS IHR NEUER VORGESETZTER MÖCHTE ICH MICH MIT IHNEN ÜBER IHRE BERUFLICHE LAUFBAHN UNTERHALTEN.
JETZT SIND SIE SEKRETÄR, ABER WAS WOLLEN SIE IN ZWEI JAHREN SEIN?
EIN BERÜHMTER SCHAUSPIELER ... ODER VIELLEICHT ARZT.
HM ... ICH FÜRCHTE, DABEI KANN ICH IHNEN NICHT BEHILFLICH SEIN ...
SCHON KLAR, ABER SIE ERWARTEN DENNOCH VON MIR, DASS ICH HIER WAS LEISTE.
© 1990 United Feature Syndicate, Inc.

MEIN CHEF HAT MICH AUFGEFORDERT, DEN ABTEILUNGSSEKRETÄR ZU BEAUFSICHTIGEN, ABER VON MENSCHENFÜHRUNG VERSTEHE ICH NICHT VIEL.
VERSUCHE, IHN POSITIV ZU UNTERSTÜTZEN. LOBE IHN, WENN ER ETWAS RICHTIG MACHT. UND VERTRAUE DARAUF, DASS ER DIE RICHTIGEN ENTSCHLÜSSE FASST.
LEIDER HABE ICH MIR NICHT NOTIERT, WAS ICH IHNEN AUSRICHTEN SOLLTE, DESHALB HABE ICH EINFACH EINE MENGE UNSINN AUF KLEINE ZETTELCHEN GESCHRIEBEN.
© 1990 United Feature Syndicate, Inc.
S. ADAMS
7-12

NA, WIE MACHT SICH DER NEUE SEKRETÄR DER ABTEILUNG?
ICH GLAUBE, ER HAT EINE IDENTITÄTSKRISE.
SICHER, ICH BIN ZWAR SEKRETÄR, ABER SEHEN SIE MAL, WIE ICH DIESE BÜROKLAMMER ZERQUETSCHE!
RRRR
© 1990 United Feature Syndicate, Inc.
S. ADAMS
7-13

DA SITZE ICH GANZ HARMLOS IN MEINER MÖNCHSZELLE MIT DEN NIEDRIGEN WÄNDEN.
EINE KOPIE, NICHT HEFTEN.
UND MÄNNER, DIE AN ELITEUNIVERSITÄTEN STUDIERT HABEN, GEHEN AM KOPIERER VORBEI UND BITTEN MICH, KOPIEN ZU MACHEN.
ICH BIN DIE SEKRETÄRIN MIT DER ARMBRUST!!
S. Adams
E-Mail: SCOTTADAMS@AOL.COM
1-22

SEIT ICH DIESE ARMBRUST HABE, MACHT MIR DIE ARBEIT VIEL MEHR FREUDE.
11-23
S. Adams E-Mail: SCOTTADAMS@AOL.COM
HE, RUSSELL! GEHEN SIE GEFÄLLIGST AB UND ZU MAL ANS TELEFON!
FFFT
© 1993 United Feature Syndicate, Inc.
WIR MÜSSEN UNS UNTERHALTEN.
UNTERHALTEN SIE SICH HIERMIT.

WÜRDEN SIE MICH VORLASSEN? ICH BRAUCHE BLOSS EINE EINZIGE KOPIE.
S. Adams E-Mail: SCOTTADAMS@AOL.COM
SOLL DAS ETWA HEISSEN, DASS IHRE ZEIT MEHR WERT IST ALS MEINE, BLOSS WEIL SIE MANAGER SIND UND ICH SEKRETÄRIN?
© 1993 United Feature Syndicate, Inc.
ES SCHMERZT VIELLEICHT EINE WEILE, ABER DER WUNSCH, KOPIEN ZU MACHEN, VERGEHT IHNEN GARANTIERT.
11-24

DIE „SEKRETÄRIN MIT DER ARMBRUST" GEHT AUF DIE JAGD.
S. Adams E-Mail: SCOTTADAMS@AOL.COM
MOBY DICK!
© 1993 United Feature Syndicate, Inc.
SIE SIND SCHON WIEDER HARPUNIERT WORDEN, CHEF.
JA, ABER ICH HABE IHRE BLEISTIFTE IM KLO VERSENKT.
11-25

BITTEN SIE MEINE SEKRETÄRIN, EIN MEETING ANZUBERAUMEN.
STÖHN!
ÄHM ... ENTSCHULDIGEN SIE ... ÄH, VERZEIHUNG, FRAU ZERBERUS ... WÜRDEN SIE IHREM UNTERTÄNIGSTEN DIENER WOHL EINMAL KURZ GEHÖR SCHENKEN?
SIND SIE BEREIT, DEM TOD INS AUGE ZU BLICKEN?
BEKOMME ICH ES AUCH MIT FLUG-SAURIERN ZU TUN?
© 1991 United Feature Syndicate, Inc

DIE CHEFSEKRETÄRIN
BEVOR ICH SIE IN DEN TERMINKALENDER DES CHEFS EINTRAGE, MÜSSEN SIE EINE BEWÄHRUNGSPROBE BESTEHEN.
BRINGEN SIE MIR DEN KOPF VOM POSTBOTEN WILLY!!!!
HE, WILLY, SOLL ICH IHNEN MAL EINEN TRICK ZEIGEN?
© 1991 United Feature Syndicate, Inc

UND DANN HAT FRAU ZERBERUS, DIE SEKRETÄRIN MEINES CHEFS, GESAGT, DASS SIE MICH NUR IM TERMINKALENDER DES CHEFS EINTRÄGT, WENN ICH IHR DEN KOPF VON WILLY, DEM POSTBOTEN, BRINGE.
ICH HATTE KEINE ANDERE WAHL.
ICH BIN KEGELN GEGANGEN.
© 1991 United Feature Syndicate, Inc

WISSEN IST MACHT, DOGBERT.
EINES TAGES WERDEN DIE LEUTE, DIE MIT COMPUTERN UMGEHEN KÖNNEN, ÜBER DIE HERRSCHEN, DIE DAS NICHT KÖNNEN.
UND SIE WERDEN EINEN BESONDEREN NAMEN FÜR UNS HABEN.
SEKRETÄR-INNEN
S.Adams
12-14
© 1991 United Feature Syndicate, Inc

CAROL, ES GEHT UM DEN FLUG HAMBURG-MÜNCHEN, DEN SIE FÜR MICH GEBUCHT HABEN ...
SIND ALL DIESE ZWISCHENLANDUNGEN IN LÄNDERN DER DRITTEN WELT, WO AUFSTÄNDISCHE REBELLIEREN, WIRKLICH NÖTIG?
BESSER SIE TRAGEN DAS ZEICHEN DES INTERNATIONALEN ROTEN KREUZES AUF DEM RÜCKEN.
S. Adams E-mail: SCOTTADAMS@AOL.COM
10/24 © 1995 United Feature Syndicate, Inc.(NYC)

SCHICKEN SIE DAS PER E-MAIL.
UND FAXEN SIE ES AUCH – FALLS ER SEINE E-MAIL NICHT ANSIEHT. ZUSÄTZLICH SCHICKEN SIE IHM DAS ORIGINAL, DAMIT ER EIN ORDENTLICHES EXEMPLAR HAT.
AUS IST'S MIT „PAPIERLOS". JETZT HEISST DIE DEVISE „AHNUNGSLOS".
S. Adams E-mail: SCOTTADAMS@AOL.COM
12/11 © 1995 United Feature Syndicate, Inc.(NYC)

WARTEN SIE MAL, ALLMÄHLICH GEHT MIR EIN LICHT AUF.
S. Adams E-mail: SCOTTADAMS@AOL.COM
LAUT ARBEITSPLATZBESCHREIBUNG BIN ICH LEITENDE ANGESTELLTE. TROTZDEM VERBRINGE ICH MEINE ZEIT MIT SCHREIBAR-BEITEN ... UND WENN ICH MICH NICHT IRRE, BIN ICH DIE AM SCHLECHTESTEN BEZAHLTE ARBEITSKRAFT.
12/4 © 1995 United Feature Syndicate, Inc.(NYC)
ICH KOMME WOHL UNGELEGEN?
MIST!!! ICH BIN SEKRETÄRIN!

IST BOB IN SEINEM BÜRO?
S. Adams E-Mail: SCOTTADAMS@AOL.COM
DA BOBS BÜRO SECHS METER WEIT WEG IST, MUSS ICH MEINE ÜBERSINNLICHEN KRÄFTE BENUTZEN, UM ANTWORTEN ZU KÖNNEN.
6-6
© 1994 United Feature Syndicate, Inc.
ICH KÖNNTE JA SELBST NACHSEHEN.
BOB HASST SIE! ER WÜNSCHT SICH INSGEHEIM, SIE WÜRDEN AN EINEM DONUT ERSTICKEN.

CAROL, ICH HATTE SIE GEBETEN, MICH FÜR DAS QUALITÄTSSEMINAR ANZUMELDEN. IN DER BESTÄTIGUNG HEISST ES ABER CLOWNSEMINAR.
S. Adams www.unitedmedia.com
DER BESUCH DES CLOWNSEMINARS IST VORAUSSETZUNG FÜR DAS QUALITÄTSSEMINAR.
6/20/96 © 1996 United Feature Syndicate, Inc.
AM TAG DER SEKRETÄRINNEN WERDE ICH DAFÜR BÜSSEN MÜSSEN.
HOFFENTLICH IST EIN WÜTENDER CLOWN O.K.

7.6 Die gesamte Arbeit delegieren

Wenn der unwahrscheinliche Fall eintritt, daß in Ihrer Position wirklich einmal Arbeit anfällt, drehen Sie die einfach Ihren Mitarbeitern an, indem Sie sie auffordern, selbstgesteuerte Teams zu bilden. Damit bringen Sie elegant zum Ausdruck, daß Ihre Handlanger zusätzlich zu der eigenen auch noch Ihre Arbeit machen sollen. Das ist fast, als wollten Sie Kühen beibringen, sich selbst zu melken, aber wenn Ihre Leute flexibel sind, ist das durchaus möglich. Der größte Wunsch der Manager besteht darin, die naiven Mitarbeiter dazu zu bringen, daß sie sich selbst antun, was ihnen die Manager normalerweise antun würden. Sie müssen den Mitarbeitern einen Grund geben, warum sie Ihnen die Arbeit abnehmen wollen. Sie schaffen die Voraussetzungen dafür, indem Sie für Meetings nicht zur Verfügung stehen und nicht darüber unterrichtet sind, womit Ihre Mitarbeiter ihren Lebensunterhalt verdienen. Treffen Sie entweder die falschen oder überhaupt keine Entscheidungen. Mit der Zeit gelten Sie bei Ihren Leuten als riesiger Bremsklotz, den es zu überwinden gilt. Irgendwann sind sie frustrierter als ein Specht in einer Hochhaussiedlung. Vielleicht *bitten* sie sogar darum, Ihnen die Arbeit abnehmen zu dürfen!

7.7 Gespräch unter vier Augen

Es kann viel Freude machen, Mitarbeiter beim Gespräch unter vier Augen zur Schnecke zu machen. Sie müssen das jedoch richtig anfangen. Überzeugen Sie sich davon, daß das Formular zur Leistungsbeurteilung eine Rubrik beinhaltet, in der die Mitarbeiter ausführen können, welche Schulungs- und Fortbildungsmaßnahmen sie ihrer Meinung nach benötigen – womit sie ihre Schwächen eingestehen.

Bei Gesprächen unter vier Augen können Sie das Formular rasch überfliegen und sich dann auf die von dem Mitarbeiter selbst eingestandenen Schwächen einschießen. Ihr Eifer erinnert dabei an den eines Hundes, der nach einem Knochen buddelt. Das Gespräch könnte zum Beispiel wie folgt verlaufen:

Sie: »Wie ich sehe, lassen Ihre technischen Fähigkeiten zu wünschen übrig!«

Mitarbeiter: »Also, eigentlich bin ich auf diesem Gebiet ein anerkannter Fachmann. Aber ich möchte mich mit dem

	neuesten Stand der Technik vertraut machen. Daher mein Wunsch nach Fortbildungskursen.«
Sie:	»Sie geben also zu, daß es Dinge gibt, die Sie wissen müßten, aber nicht wissen.«
Mitarbeiter:	»Na ja … ich meine NEIN! So würde ich das nicht ausdrücken.«
Sie:	»Hört sich an, als hätten Sie auch Schwierigkeiten, sich zu artikulieren.«
Mitarbeiter:	»Was zum Teufel geht hier eigentlich vor?«
Sie:	»Haben Sie schon erwogen, einen Fachmann zu konsultieren? Das Unternehmen hat da ein Programm …«

7.8 Strategien entwerfen

Die Unternehmensstrategie läßt sich so definieren: Was immer Sie bereits machen plus all das Schöne, was die Konkurrenz macht. Wenn Sie zum Beispiel Kostenführer sind (wenn Sie also Schrott bauen) und die Konkurrenz einen qualitativ hochwertigen, sehr gefragten Markenartikel herstellt, sähe Ihre Strategie so aus:

Strategie: Schrott bauen und einen Spitzenpreis dafür verlangen.

Kritische Stimmen würden vielleicht einwenden, daß eine Strategie nur dann eine Strategie ist, wenn Ihre Ressourcen damit in eine logische Richtung gelenkt werden. Die Kritiker lassen dabei jedoch etwas außer acht: Sie reden ja nur über Strategien, setzen sie aber nicht in die Tat um. Sie haben also keinen Grund, sich Zurückhaltung aufzuerlegen.

Als Manager sollten Sie sich über Strategien auslassen, wann immer sich das machen läßt. Das ist entschieden einfacher als Arbeiten und ändert nichts an Ihrem Gehalt. Die Menschen blicken zu Managern auf, die über Strategien sprechen. Und warum sollten sie auch nicht? Ein Manager, der den Tag damit verbringt, über eine Strategie zu sprechen, hat eine Möglichkeit entdeckt, fast ohne Gegenleistung ein Gehalt zu beziehen, das sich sehen lassen kann. Einem solchen Menschen muß man doch Respekt zollen!

7.9 Die Personalabteilung

Obwohl Ihre Seele Ihren Körper verlassen hat, als Sie Manager geworden sind, gibt es immer noch firmeninterne Aufgaben, die so gräßlich und gemein sind, daß Sie diese auf keinen Fall selbst erledigen können. Manchmal müssen Sie aber doch etwas Grausames tun, möchten jedoch keinen Fingerabdruck am Tatort hinterlassen.

Manche Menschen sind für eine Laufbahn in der Personalabteilung wie geschaffen. In anderen Kulturkreisen würden solche Leute wahrscheinlich als skrupellose Despoten oder Massenmörder enden. Aber wir leben schließlich in zivilisierten Kreisen, wo solche unverbesserlichen Sadisten ihre Bösartigkeit in den Personalabteilungen abreagieren können.

Aber einmal angenommen, alle guten Kandidaten für die Personalabteilung wären entweder tot, im Gefängnis oder lebten unter falschem Namen in Bolivien – was dann?

In diesem Fall würde ich dazu raten, eine Katze einzustellen.

Katzen wirken rein äußerlich betrachtet freundlich, scheren sich aber nicht darum, ob die Mitarbeiter lebendig oder tot sind. Bevor sie sie endgültig erledigen und vor die Tür setzen, spielen sie gerne Katz und Maus mit ihnen. Bei einer Katze (bzw. einem Kater) kann man sicher sein, daß die Arbeitsmoral so ist, wie sie sein sollte. Das ist wichtig in einem Unternehmen, in dem alle anderen aus unerfindlichen Gründen die Köpfe immer mehr hängen lassen.

Sollte die Firmenpolitik nicht schon genügend irrationale oder sadistische Praktiken beinhalten, kann sich die Personalabteilung noch ein paar einfallen lassen. Die Leute von der Personalabteilung sitzen den ganzen Tag in ihren erbärmlichen, verwahrlosten Kabuffs und sagen sich, daß sie kein Teil der »Wertschöpfungskette« sind. Deshalb sinnt die Personalabteilung stets auf Praktiken, mit denen sie die Mitarbeiter quälen kann, die wertvolle Arbeit leisten. Das kann zu höchst unterhaltsamen Verfahrensweisen führen, die in dicken Aktenordnern dokumentiert werden.

Eigentlich ähneln die Fachkräfte in der Personalabteilung denen in der Rechtsabteilung, sie lassen jedoch das Mitgefühl und die Beredsamkeit vermissen.

Die Fachkräfte in der Personalabteilung sind darauf geeicht, sich am Unglück anderer zu weiden. Das ist sehr praktisch, wenn Sie schlechte Nachrichten für jemanden haben, also zum Beispiel jemanden entlassen wollen.

Eine Möglichkeit, jemanden zu entlassen, ist, es ihm in seinem beruflichen Umfeld mitzuteilen, von dem keine Bedrohung ausgeht. Sie könnten dem Betreffenden zum Beispiel eine gelbe Haftnotiz auf den Drehstuhl pappen, die besagt: Sie sind gefeuert! Verschwinden Sie sofort, Sie Blindgänger! Wenn Ihnen die Personalabteilung das abnimmt, ist es jedoch nicht so stressig für Sie. Sie brauchen keine Gewissensbisse mehr zu haben, und die Personalabteilung hat mal wieder eine kleine Freude.

Am besten halten Sie die Personalabteilung mit Dingen wie Entlassungen und Gehaltskürzungen auf Trab. Bleibt den Leuten nämlich zuviel Zeit zum Nachdenken, hecken sie womöglich irgend etwas aus, was Sie als Manager nicht ungeschoren läßt.

Eine Arbeitsplatzbeschreibung der Personalabteilung sieht in etwa so aus:

Stellen- bzw. Arbeitsplatzbeschreibung der Personalabteilung

- Das Einstellen qualifizierter Leute verhindern.
- Für einen nahtlosen Übergang von der Arbeit zur Versklavung sorgen.
- Immer wieder neue Gehalts- bzw. Zahlungspraktiken ausbrüten, damit die Mitarbeiter nicht herausfinden können, wie sich ihr Einkommen maximieren läßt.

ICH MUSS DEN HAUSMEISTER WEGRATIONALISIEREN. GLAUBEN SIE, DASS MIR DER BETRIEBSRAT SCHWIERIGKEITEN MACHT, WENN ICH VON DEN MITARBEITERN VERLANGE, DASS SIE IHREN MÜLL SELBST HINAUSTRAGEN?
S. Adams E-mail: SCOTTADAMS@AOL.COM
WIR VERSÜSSEN DEN MITARBEITERN DIE SCHLECHTE NACHRICHT EINFACH, INDEM WIR GLEICHZEITIG EIN NEUES FITNESSPROGRAMM EINFÜHREN.
9/12 © 1995 United Feature Syndicate, Inc.(NYC)
SO, LEUTE, ZEIT FÜR DEN MÜLLSPORT.

SEHEN SIE SICH DAS NEUE ORGANIGRAMM AN.
S. Adams E-mail: SCOTTADAMS@AOL.COM
HOPPLA, HAB' MIR'S ANDERS ÜBERLEGT.
WHAM!!
7-22 © 1995 United Feature Syndicate, Inc. (NYC)
AUTSCH.
MIR TUT AUCH ALLES WEH, ABER ICH HABE MICH NOCH NIE SO BEFREIT GEFÜHLT.

ALS PERSONALCHEF HABE ICH EINE METHODE ENTWICKELT, UM JAMMERNDE MITARBEITER ABZUSERVIEREN.
S. Adams E-mail: SCOTTADAMS@AOL.COM
ES HANDELT SICH UM EIN GROSSES LOCH. ICH BRINGE DIE WINSLER DAZU, REINZUSTEIGEN. DANN FÜLLE ICH DAS LOCH MIT SAND AUF.
10/13 © 1995 United Feature Syndicate, Inc.(NYC)
ICH KANN MIR NICHT VORSTELLEN, WIE DAS FUNKTIONIERT.
EINE DETAILLIERTE ERKLÄRUNG BEFINDET SICH AM GRUND DES LOCHS.

CATBERT, DER PERSONALCHEF
MEIN JOB IST ZU STRESSIG. KANN ICH MICH VON EINEM COACH BERATEN LASSEN?
S. Adams E-mail: SCOTTADAMS@AOL.COM
ICH HABE UNSER BERATUNGSWESEN UMSTRUKTURIERT. JETZT STECKEN WIR SIE IN EIN GROSSES LOCH UND ÜBERSCHÜTTEN SIE MIT SAND.
10/4 © 1995 United Feature Syndicate, Inc.(NYC)
WENN DAS ALLES IST, WAS ICH ALS BONUS BEKOMME, MUSS ES SCHON SEHR VIEL SAND SEIN.
LASSEN SIE EINFACH DEN MUND AUF.

WALLY, RATEN SIE MAL, WAS ES NEUES GIBT?
WELCHE SADISTISCHEN SCHINDEREIEN HAT DIE PERSONALABTEILUNG JETZT WIEDER AUSGEKNOBELT?
S. Adams E-mail: SCOTTADAMS@AOL.COM
ZUSÄTZLICH ZUM RICHTIGEN CHEF GIBT ES EINE GESTRICHELTE LINIE ZU EINEM MANAGER, DER ANDERE ZIELE HAT.
11/1 © 1995 United Feature Syndicate, Inc.(NYC)
SCHON ALLEIN DAS VERFASSEN DER ARBEITSBERICHTE DAUERT VIERZIG STUNDEN IN DER WOCHE.
ICH WERDE MICH ZU TODE HEFTEN.

IST VON SEITEN DER PERSONALABTEILUNG EINE BEHANDLUNG VON LEUTEN MIT EINEM GESTÖRTEN VERHÄLTNIS ZUM INTERNET VORGESEHEN?
S. Adams E-mail: SCOTTADAMS@AOL.COM
DA IST DIE „GARNTHERAPIE" SEHR ZU EMPFEHLEN. SIE WERDEN MIT GARN UMWICKELT UND DANN ALS MÖBELSTÜCK IN MEINEM BÜRO BENUTZT.
11/28 © 1995 United Feature Syndicate, Inc.(NYC)
IST DAS WIE DIE BERÜHMTE „SEILÜBUNG", BEI DER ICH TEAMGEIST LERNEN SOLLTE?
JA, GENAU – ABER HIER LERNEN SIE, MEINE COUCH ZU SEIN.

CATBERT, DER BÖSE PERSONALCHEF
DIE ANGESTELLTEN HABEN ZUVIEL FREIZEIT. DAS MUSS AUFHÖREN.
S. Adams E-mail: SCOTTADAMS@AOL.COM
ICH RUFE DIE DÄMONEN DER FINSTERNIS ZU HILFE!!!!
© 1996 United Feature Syndicate, Inc.(NYC)
– KRANK GESCHRIEBEN WIRD NICHT MEHR. WENN SIE KRANK SIND, SOLLEN SIE URLAUB NEHMEN. NENNEN SIE DAS „ZEITKONTO".
DAS IST GRAUSAM UND VERSPIELT. ICH MAG ES.

ICH WEISS JA, ICH SOLLTE DIE LEUTE SCHINDEN ...
S. Adams E-mail: SCOTTADAMS@AOL.COM
ABER ICH KANN MICH NICHT VON DIESEM PHANTASTISCHEN GERÄT LOSREISSEN, DAS MIR DEN HINTERN WÄRMT.
© 1996 United Feature Syndicate Inc.(NYC)
IST WAHRSCHEINLICH NUR EINBILDUNG, ABER VIELLEICHT WÄRE ES MIT WINDOWS 95 NOCH BESSER.

CATBERT, DER PERSONALCHEF
IN DEM BERICHT STEHT, DASS SIE AUF EINEN VERKAUFSAUTOMATEN EINGEDROSCHEN HABEN, WEIL DER IHR GELD GESCHLUCKT HAT.
S. Adams E-mail: SCOTTADAMS@AOL.COM
BISHER HAT DAS UNTERNEHMEN IN SOLCHEN FÄLLEN BERATUNG ANGEBOTEN. ABER WIR HALTEN DIE TODESSTRAFE FÜR WEIT ÖKONOMISCHER.
© 1996 United Feature Syndicate, Inc.(NYC)
WAS?! WIE IST DAS MÖGLICH?
ICH WEISS NICHT RECHT. SIE SIND ZU GROSS FÜR DIE MIKROWELLE.

HIHI! DAS IST MEIN BISHER TEUFLISCHSTES WERK ALS PERSONAL-CHEF.
DANK DER ERFINDUNG VON E-MAIL KANN ICH MIT HUNDERTEN VON MITARBEITERN GLEICH-ZEITIG SPIELEN.
OHJE ... EINE NACHRICHT VON DEM BÖSEN MR. CATBERT.
UM KOSTEN FÜR DEN HAUSMEISTER ZU SPAREN ...
DAS HÖRT MAN NICHT GERN.

MUSS SICH VON JETZT AN JEDER INGENIEUR EINEN BESEN ...
... AN DEN HINTERN SCHNALLEN.
POSITIV IST, DASS DAS MARKETING UNS JETZT ZU VIEL MEHR MEETINGS BITTET.
NOCH FÜNF MINUTEN, WIR MAMPFEN NOCH KEKSE.

HERR CATBERT WIRD UNS NUN SEINEN NEUEN „VERGÜTUNGSPLAN FÜR SPITZENLEISTUNGEN“ AUSEINANDERSETZEN.
WIR SIND NICHT MEHR SO ENGSTIRNIG, NUR GELD ALS VERGÜTUNG ZU SEHEN.
HÖCHSTE ALARMSTUFE!!!
WERDEN DIE PRÄMIEN FÜR DIE MITARBEITER HÖHER ANGESETZT, KANN MAN DIE GEHÄLTER KÜRZEN. SO GLEICHT SICH ALLES WIEDER AUS.

HABEN SIE ZUM BEISPIEL GEWUSST, DASS SIE IHREN BLUTDRUCK SENKEN KÖNNEN, INDEM SIE MIR DEN WEICHEN PELZIGEN BAUCH STREICHELN?
ES KÖNNTE EIN TRICK SEIN!
WAS SOLL UNS DENN DA SCHON PASSIE-REN?
HAHAHA!! DAS IST EINE FITNESSPRÄMIE! JETZT KÜRZE ICH IHRE GEHÄLTER!
MIR IST ETWAS AUFGEFALLEN: JE MEHR FITNESSPROGRAMME ES GIBT, DESTO ELENDER FÜHLE ICH MICH.

CATBERT, DER PERSONALCHEF
ICH WILL IHNEN DIE „UNTERNEHMENSRICHTLINIEN“ VERKLICKERN, WALLY.
ABER ICH ARBEITE DOCH SCHON SEIT JAHREN HIER.
S. Adams E-mail: SCOTTADAMS@AOL.COM
TROTZDEM HABEN SIE IMMER NOCH HOFFNUNGEN. SEHEN SIE SICH DIESES SCHULUNGSVIDEO AN, DAS IST PFLICHT.
HOPE
4/29/96 © 1996 United Feature Syndicate, Inc.(NYC)
SIE MACHEN SICH ALSO IMMER NOCH HOFFNUNGEN ...
ENTSPANNEN SIE SICH ... GANZ LOCKER. UND JETZT LASSEN SIE DIE HOFFNUNG FAHREN.

CATBERT, DER BÖSE PERSONALCHEF
WENN ICH RICHTIG INFORMIERT BIN, MACHT IHNEN IHRE ARBEIT FREUDE, WALLY.
S. Adams www.unitedmedia.com
DAS WAR NUR VORÜBERGEHEND DER FALL. ICH WEISS NICHT, WAS DA IN MICH GEFAHREN IST ...
LESEN SIE BITTE SEITE 1 DER UNTERNEHMENSRICHTLINIEN.
11/5/96 © 1996 United Feature Syndicate, Inc.(NYC)
FREUDE AN DER ARBEIT IST, ALS BESTEHLE MAN DAS UNTERNEHMEN.
WENN ICH KEINE SCHMERZENSSCHREIE HÖRE, MUSS ICH SIE FÜR DIESES EINGESTÄNDNIS STRAFEN.

CATBERT, DER BÖSE PERSONALCHEF
WALLY, ES IST ZEIT FÜR IHREN OBLIGATORISCHEN DROGENTEST
S. Adams E-mail: SCOTTADAMS@AOL.COM
ICH NEHME KEINE DROGEN.
ICH UNTERSUCHE, OB SIE DER FIRMA ZEIT STEHLEN.
7/1/96 © 1996 United Feature Syndicate, Inc.(NYC)
ZEIT? WIE WOLLEN SIE DAS FESTSTELLEN?
BEI DER UNTERSUCHUNG STELLEN WIR IHREN ALLGEMEINEN GESUNDHEITSZUSTAND FEST. WENN DER GUT IST, ARBEITEN SIE NICHT GENUG.
SIE DIEB.

7.10 Speichellecker entdecken

Jeder Manager wünscht sich passionierte Speichellecker, die um ihn herumwieseln. Einen praktischen Wert haben diese Leute, die Ihnen die Füße küssen, eigentlich nicht – aber schöne Blumen haben auch keinen, und fast jeder mag sie. Die Speichellecker in Ihren Reihen sind leicht daran zu erkennen, daß sie auch Ihre größten Modetorheiten, Ihre Verhaltensweisen und Ihre Art zu sprechen nachahmen in dem mitleiderregenden Bemühen, sich bei Ihnen einzuschmeicheln. Die Herausforderung besteht darin, sich einen persönlichen Stil zuzulegen, den man nur als überspannt bezeichnen kann. Männern würde ich zu Fliegen, Hosenträgern oder Pullovern raten. Frauen sollten ihr Make-up so dick auftragen wie der Anstreicher die Farbe auf die Wand – oder Ohrringe tragen bis zum Bauch.

Schlagen Sie in Meetings die Hände sonderbar und irgendwie unmenschlich vors Gesicht, und achten Sie darauf, wie viele Schleimer es Ihnen gleichtun. Wenn Sie ein Argument vorbringen (wie idiotisch es auch sein mag), erkennen Sie die Speichellecker eventuell an ihrem eifrigen Kopfnicken. Die eifrigsten Schleimer wackeln wahrscheinlich mit dem Kopf und hecheln wie Chihuahuas in Erwartung eines Plätzchens – mit glänzenden Augen und außer sich vor Freude. Unter denen, die da buckeln und zu Kreuze kriechen, gibt es auch diejenigen, die »Genau!« sagen – oder »Sie haben ja so recht.«

Merken Sie sich die eifrigeren Speichellecker für den Fall, daß Sie sie einmal für einen Gefallen brauchen können. Wenn Sie zum Beispiel beim Bremsen Staub aufwirbeln, kann so ein Schleimer die Chromfelgen Ihres Autos wieder sauberlecken. Anfänglich finden Sie das Betragen solcher Arschkriecher wahrscheinlich ekelerregend, aber mit der Zeit wissen Sie es sicherlich zu schätzen. Vielleicht ernennen Sie die Speichellecker zum Dank für ihre hündische Ergebenheit sogar zum Leiter eines Teams.

8. Zusammenfassung

8.1 Gesunder Menschenverstand

Wenn Sie dieses Handbuch tatsächlich ganz gelesen haben, ist Ihr Konzentrationsvermögen für einen Manager zu übermächtig. Ihnen fehlt die Eignung zum Manager. Wenn Sie aber bis auf den Schluß des Buches alles überschlagen haben, um nur kurz nachzusehen, wie es endet, haben Sie wahrscheinlich »das Zeug zum Manager«.

Natürlich konnte in diesem Handbuch nicht alles angesprochen werden, was das Management ausmacht. Man sollte jedoch meinen, daß Ihnen bei allen übrigen Fragen ein Licht aufgeht, wenn Sie Ihren gesunden Menschenverstand einsetzen. Doch in dieser Hinsicht sind Sie von der Natur vermutlich sehr stiefmütterlich behandelt worden. Deshalb folgen jetzt ein paar einfache Richtlinien. Wenn Sie die befolgen, müßten Sie den meisten schwierigen Situationen eigentlich gewachsen sein.

Zehn Managementregeln

1. Sie haben immer recht, auch wenn Sie dumm sind.
2. Die physikalischen Gesetze von Zeit und Raum sind dazu da, daß man sie bricht.
3. Nicht fehlende Ressourcen sind das Problem, sondern nicht genügend Meetings.
4. Fordern Sie Zwischenberichte an, wenn Sie Zweifel haben.
5. Wenn Sie reden, kommunizieren Sie.

6. Eine schlechte Arbeitsmoral ist auf die Charakterschwächen der Mitarbeiter zurückzuführen.
7. Wenn zehn Leute ein Projekt in zehn Tagen bewältigen können, kann es auch einer an einem Tag bewerkstelligen.
8. Teamwork heißt, daß andere Leute Ihnen die Arbeit abnehmen.
9. Sind Mitarbeiter krank, ist das nichts als Faulheit.
10. Beschimpfungen und Beleidigungen sind eine Form der Beachtung. Und Beachtung wünscht sich jeder Mitarbeiter

Anhang A: Liste der Hilfsquellen für das Management

Wird zusätzliche Unterweisung im Management gewünscht, sind die folgenden Quellen zu empfehlen:

- Der Leibhaftige
- Die Mafia
- Blondinen
- Kleinkinder in der Trotzphase
- Die Stimmen in Ihrem Kopf

Anhang B: Geschichte des Management

Die Gelehrten sind sich über die Ursprünge des Management nicht einig. Aber Gelehrte sind schließlich Menschen, die nicht talentiert genug sind, um selbst Manager zu werden, deshalb ist es ratsam, sich nicht um das zu scheren, was sie sagen. Statt dessen sollten Sie sich die Geschichte einverleiben, wie man sie schon seit Urzeiten lernt: indem man das Zeug liest, das sich irgend jemand ausgedacht hat. Hier ist nun meine Version der Geschichte des Management. Kleine Wissenslücken habe ich geschönt, aber das werden Sie kaum merken.

Wie alles anfing

Schon bald nachdem die Menschen gelernt hatten, mit dem Feuer umzugehen, nahm das Management seinen Anfang. Zuvor war jeder Höhlenbewohner ein selbständiger Unternehmer. Er jagte kleine Pelztiere, tötete sie und fraß sie roh. Dabei erübrigten sich Meetings, und die Zwischenberichte waren noch ziemlich unkompliziert gehalten: »Kleines Pelztier getötet und gefressen.«

Alle waren mit diesem System zufrieden – außer den kleinen Pelztieren, die oft jammerten, das sei »nicht fair«.

Eines schönen Tages entdeckte ein rastloser Höhlenmensch, wie man mit Feuer umgeht. Nennen wir ihn Ingenieur. Die anderen Höhlenbewohner verschlangen noch einheimische Tiere, schlugen mit Keulen auf ihre Frauen ein und feierten wie Wilde, da schrieb der Ingenieur schon emsig die technischen Daten einer Sache auf, die er »Feuer v1.0« nannte.

(Ich konzentriere mich hier auf die männlichen Höhlenbewohner, denn damals konnte von Gleichberechtigung noch keine Rede sein. Die Tätigkeit der Frauen beschränkte sich vor allem darauf, daß sie sagten: »Heute abend nicht, ich habe noch kein Kopfweh. *Autsch!!*«)

Als der Tüftler, Ingenieur und Techniker den anderen Höhlenbewohnern seine neue Errungenschaft demonstrierte, lachten sie ihn aus, weil sie – wie die Anwesenden bekundeten – keine »Killerfunktion« hatte. Ein Höhlenbewohner verspottete den Tüftler, indem er die Behauptung aufstellte, das Feuerprodukt sei zu technologisch orientiert. Er wollte immer wieder wissen, warum es die Affen noch nicht hatten, wenn es so eine glänzende Idee war.

Aber für den Ingenieur war es nichts Neues, kritisiert zu werden. Die lieben Mitmenschen hatten ihn schon immer damit aufgezogen, daß er seinen Lendenschurz mit Entenkleber zusammenhielt.

(Anmerkung: Entenkleber war ein primitives Klebemittel, aus Entenzungen hergestellt. Er war vielseitig verwendbar. Mit Hilfe von Entenkleber erreichten die Höhlenbewohner, daß ihnen Säbelzahntiger in die Falle gingen, und mit Entenkleber leimten sie die Möbel für ihre Höhlen. Niemand kann sich erklären, warum Entenkleber heute nicht mehr in Gebrauch ist.)

Vom Hohngelächter der bescheuerten Höhlenbewohner aufgestachelt, tat der Tüftler, was er tun mußte, um sein Gesicht nicht zu verlieren. Er brütete einen verrückten Verwendungszweck für sein Produkt aus: »Wir sollten die von uns getöteten Pelztiere ins Feuer legen und sie rösten, bevor wir sie verschlingen.«

Das war ganz eindeutig eine blödsinnige Idee, aber wie es der Zufall wollte, fiel sie mit der Einführung der Werbung zusammen. Ein

Höhlenbewohner, der ein besonders kleidsames Tierfell trug, trat vor und zählte die zahlreichen Vorteile des Toastens von kleinen Pelztieren auf:

Vorteile getoasteter kleiner Pelztiere

- Im Vergleich zu anderen Telefongesellschaften spart man bei Ferngesprächen Geld!
- Kann man nicht im Laden kaufen!

In unseren Ohren klingt das heute höchstwahrscheinlich lächerlich, doch in den Augen der unkultivierten Höhlenbewohner waren das SEHR überzeugende Argumente. Bald machten sich alle das Feuer entweder zunutze, oder sie sprachen davon, daß sie sich »etwas Feuer in die Höhle holen« wollten, »vor allem für die Kinder«.

Das Feuer übte einen solchen Reiz auf die Höhlenbewohner aus, daß es bald Probleme gab. So pflegten sich alle Höhlenbewohner gleichzeitig um ein Feuer zu scharen, um die erlegten kleinen Pelztiere alle gleichzeitig zu grillen. Da brach das Chaos aus. Ein Geschiebe und Gedränge entstand, und alle behinderten sich gegenseitig. Viele neue Flüche erblickten damals das Licht der Welt und landeten irgendwann im Kabelfernsehen, wo aus ihnen die qualitativ hochwertigsten Programme entstanden.

Die meisten Höhlenbewohner kamen dahinter, daß man das erlegte kleine Pelztier am besten auf einen langen Stock spießte, bevor man es übers Feuer hielt. Gelegentlich verschloß sich ein Höhlenbewohner dieser Einsicht, hielt diese Methode nicht für vorteilhaft und versuchte, das kleine Pelztier mit bloßen Händen ins Feuer zu halten. Ihn und seine ihm nacheifernden Artgenossen nannten die anderen höhnisch »Manager«. Das war auch ihr Wort für riesige Haufen Mastodonkot.

Die Mastodons sind ausgestorben, doch das Wort »Manager« überlebte. Als die Höhlenbewohner begriffen hatten, daß die Manager höchstwahrscheinlich nie etwas Produktives leisten würden, forderten sie die Manager auf, Strategiepapiere zu verfassen und Meetings abzuhalten. Mit derlei Aktivitäten hielt man sich die Manager vom Hals, und so konnten sie kaum Schaden anrichten.

Während der nächsten Jahrmillion waren die Menschen vollauf damit beschäftigt, sich vor Rattenbissen in Sicherheit zu bringen, andere Länder und Völker zu erobern bzw. zu besiegen und Manager dazu zu bringen, daß sie unbekannte Dinge austesteten, die die Natur so reichlich lieferte. Wenn ein Stamm eine neue Tierart entdeckte und wissen wollte, ob sie sich mit dem Menschen kreuzen ließ, rief sofort jemand angesichts des verdreckten haarigen Vierbeiners mit Schaum vorm Mund: »Holen wir einen Manager. Der verführt sie.« Alle brachen daraufhin in Gelächter aus, bis die Ratten über sie herfielen und sie bissen.

Aus »Der verführt sie« wurde »führ' sie«, und mit der Zeit kristallisierte sich der Begriff »Führer« heraus. Für ein besonderes Hörverständnis der Generationen spricht das nicht. Daniel Webster wollte das neue Wort in sein Lexikon aufnehmen. Doch dann mußte er feststellen, daß er noch gar nicht auf der Welt war. Für die Urmenschen spielte das keine große Rolle. Sie konnten sowieso nicht lesen. Es folgte die industrielle Revolution. Überall schossen Fabriken aus dem Boden. Das waren gefährliche Zeiten, denn wenn man zufällig gerade dort spazierenging, wo eine Fabrik aus dem Boden schoß, konnte man meilenweit geschleudert werden. Manchmal schoß eine Fabrik direkt unter einer Herde weidender Rinder aus dem Boden. Die Tiere wurden dadurch bis in eine nahegelegene Stadt geschleudert und begruben die Bewohner sterbend unter sich. Nun konnten sich die Ratten über sie hermachen. Das war kein schöner Anblick.

Das Schlimmste an der industriellen Revolution ist jedoch die Wandlung, die die Rolle des Managers erfuhr. Darüber gibt es keine Dokumentationen. Die Fabrikbesitzer erkannten, daß sie eine Isolierschicht, eine Pufferzone zwischen sich und den Arbeitnehmern brauchten, die sie auszubeuten pflegten. Sie brauchten Leute, die sich nicht in die Arbeitnehmer hineinversetzen konnten und nicht begriffen, warum diese stets auf gesunden Menschenverstand, Menschenwürde und Arbeitsplatzgarantie pochten. Den Fabrikbesitzern erschienen die Manager als Pufferzone am geeignetsten. Eine weise Entscheidung.

Seit vielen Jahren wurschteln die Manager jetzt schon willkürlich herum, ohne daß sie sich an irgendwelche Richtlinien halten könnten. Aus diesem Grund habe ich das vorliegende Managementhandbuch geschrieben. Ich glaube, wir sind uns alle darüber einig, daß mir der Dank dafür gebührt, daß jetzt alles glatt läuft.

HEYNE BÜCHER

Scott Adams

Die Kult-Bibel für Angestellte – nur echt mit der »Cartoon-Figur der Neunziger!«
WIRTSCHAFTSWOCHE

Entdecken Sie eine Welt (Ihr Büro!) voller Gefahren (Kollegen, Chefs und Konferenzen).

Das Dilbert Prinzip
Die endgültige Wahrheit über Chefs, Konferenzen, Manager und andere Martyrien
01/10826

01/10826

HEYNE-TASCHENBÜCHER

HEYNE BÜCHER

Scott Adams

»Dilbert – die Null in uns allen!« *DIE ZEIT*

Dilbert – Große Gedanken
eines kleinen Geistes
01/9878

01/9878

HEYNE-TASCHENBÜCHER

HEYNE BÜCHER

Scott Adams

Bürogeschichten von Dilbert, dem Helden des Alltags, und seinem hundsgemeinen Freund Dogbert.

Besser leben durch Bürodiebstähle
Bürogeschichten mit Dilbert und Dogbert
01/10327

01/10327

HEYNE-TASCHENBÜCHER